[自分で書き入れる風水定位盤]

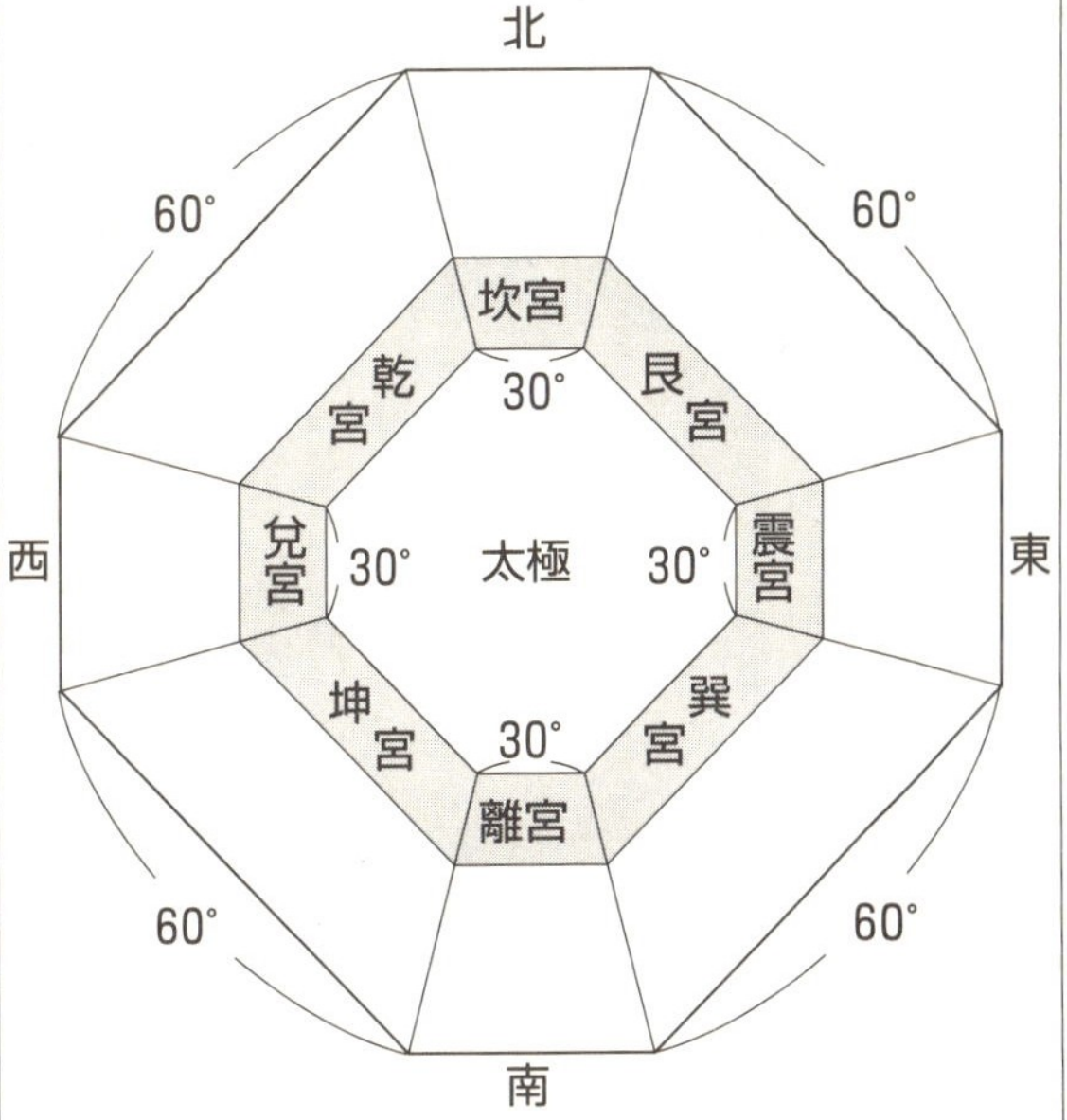

※記入例は87ページを参照して下さい。

切り取り線

[風水定位盤]

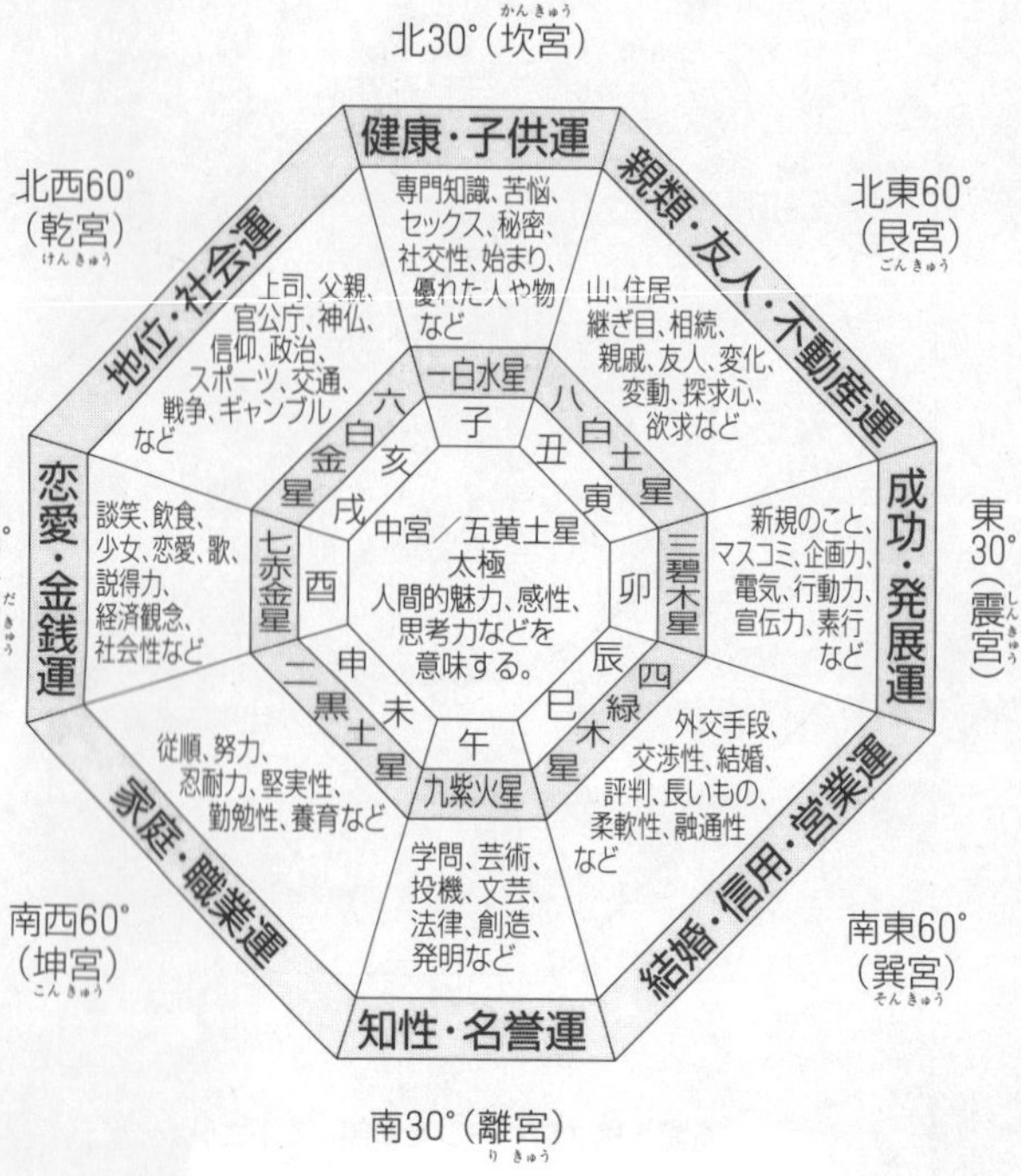

北30°(坎宮《かんきゅう》)
健康・子供運
専門知識、苦悩、セックス、秘密、社交性、始まり、優れた人や物など
一白水星
子
北東60°(艮宮《ごんきゅう》)
親類・友人・不動産運
山、住居、継ぎ目、相続、親戚、友人、変化、変動、探求心、欲求など
八白土星
丑
寅
東30°(震宮《しんきゅう》)
成功・発展運
新規のこと、マスコミ、企画力、電気、行動力、宣伝力、素行など
三碧木星
卯
南東60°(巽宮《そんきゅう》)
結婚・信用・営業運
外交手段、交渉性、結婚、評判、長いもの、柔軟性、融通性など
四緑木星
辰
巳
南30°(離宮《りきゅう》)
知性・名誉運
学問、芸術、投機、文芸、法律、創造、発明など
九紫火星
午
南西60°(坤宮《こんきゅう》)
家庭・職業運
従順、努力、忍耐力、堅実性、勤勉性、養育など
二黒土星
未
申
西30°(兌宮《だきゅう》)
恋愛・金銭運
談笑、飲食、少女、恋愛、歌、説得力、経済観念、社会性など
七赤金星
酉
北西60°(乾宮《けんきゅう》)
地位・社会運
上司、父親、官公庁、神仏、信仰、政治、スポーツ、交通、戦争、ギャンブルなど
六白金星
戌
亥
中宮/五黄土星
太極
人間的魅力、感性、思考力などを意味する。

KAWADE
夢文庫

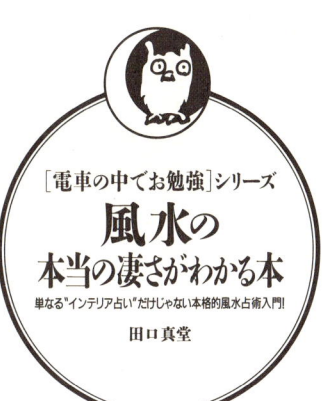

［電車の中でお勉強］シリーズ

風水の本当の凄さがわかる本

単なる"インテリア占い"だけじゃない本格的風水占術入門！

田口真堂

河出書房新社

カバーイラスト◉唐仁原教久
本文イラスト◉佃 二葉
◉渡部由弓

開運の秘術〝風水〟の本格パワーがわかる◉はじめに

いまや私たちの日常に定着した感のある「風水《ふうすい》」は、中国四千年の長い年月のなかで培《つちか》われてきた堅固な歴史哲学に支えられたものです。いまそれは本場中国だけでなく、アメリカやイギリス、韓国、シンガポールなど全世界にひろまり、ビジネスや建築設計などで利用され、生活に密着して生き続けています。

日本で風水というと、インテリアの配置を中心とした単なる〝風水占い〟と考える方が多いと思いますが、本来の風水とは、決してそれだけではありません。

では、その本来の風水の凄《すご》さとは何なのか——それをお伝えするのが本書の目的です。〝風水とは何か〟〝その占術を支える思想はどんなものか〟、第1章から4章まで、風水の奥深さにふれていただき、5章からは〝どう実践すれば願いをかなえられるのか〟といった具体的な占術法を中心に、みていくことにしましょう。実践の際は、巻頭の定位盤《じょういばん》を切り取り、本文を参照してお使いください。

幸運は、ただ待つだけではやってきません。自分はこうなりたい、と念じる力の強さによって、運は開けるのです。本書が明かす風水秘術が、かならずや、あなたにツキと吉運をもたらすことでしょう。

田口真堂

風水の本当の凄さがわかる本／もくじ

第1章 あなたの運命は風水秘術で好転できる

幸運を呼ぶ占術パワーの全貌がわかる

第2章 未来を切り拓く風水とはいったい何か

奥深い法則の基本がやさしくわかる

第3章 どうしたら幸運を呼び込めるのか

「定位盤」と「本命星」を使った占術法がわかる

第4章　風水がズバリ教える「龍」「環境」「水」の法則とは

〃気〃のエネルギーを読み解く秘術がわかる

第5章 幸せな恋愛・結婚を得る風水術がわかる

よい出会いやお付き合いに恵まれる法則とは

第6章　対人運をよくする風水術がわかる

ストレスのない人づきあいや夫婦円満の法則とは

第7章

金運がアップする風水術がわかる

くじや懸賞がよく当たり、お金がたまる法則とは

第8章 健康運を高める風水術がわかる

疲れた身体の癒し方、ダイエット成功の法則とは

第9章 仕事や事業がうまくいく風水術がわかる

能率があがり、商売が繁盛する法則とは

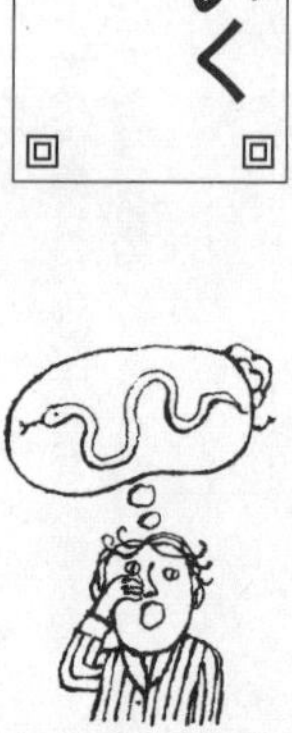

第1章

あなたの運命は風水秘術で好転できる

幸運を呼ぶ占術パワーの全貌がわかる

〝運〟は風水で呼び込める

朝、さわやかに起きて何事もスムーズにいきながら、飛行機に乗り、事故のために帰らぬ人となる方がいます。一方では、目覚めが悪く飛行機に乗り遅れたために、助かる幸運な方がいます。

昔からことわざにあるように、「人間万事塞翁《さいおう》が馬」といいますが、なるほどこの世は、ほんの一瞬の選択によって、吉と出て幸運をつかんだり、凶と出て不運に泣くものです。

この一瞬の選択を世間では〝運〟とか〝ツキ〟とか呼んでいるわけです。そして毎年、お正月にはよい運を呼び込んで厄を除けるために、日本の人々の約半分の人が初詣《はつもう》でに出かけます。しかし現実はどうかというと、残念ながら、年間相当数の交通事故死、焼死、溺死《できし》、他殺など、いわゆる仏教でいうところの横変死《おうへんし》が増えることはあっても減ることはありません。

また、ガン、心臓病などの重病で亡くなる人は、当然のように増え続けています。ある人は病院に頼り、ある人はさまざまな健康法に頼り、ある人は新興宗教にすがるといったように、世の中がまさに世紀末の大混乱の様相を呈《てい》しています。

そんな状況のなかで人生の羅針盤《らしんばん》となりうるのが、中国四千年の歴史のなかで生まれた、開運の秘術といわれる「風水学《ふうすいがく》」。風水学とは、簡単にいえば大自然のエネルギー、〝気の流れ〟を見るものです。

それぞれの場所には、方角や地形によってよい気の流れ（律気《りつき》）、悪い気の流れ（呂《ろ》気《き》）があります。それを読み取って、悪い気による厄難を避け、よい気の流れを取り入れ、運命を好転させていこうとするのが風水学なのです。

開運の秘術、風水とは何か

驚くべき的中率で未来の吉凶を占い、運を切り開く「風水学」は、いまからおよそ４５００年前に、古代中国の伏羲《ふくぎ》太公によってつくられたものです。当時はもっぱら、乱世を生き抜く中国の皇帝たちの軍学秘儀として、政治のみに用いられていましたが、これより１７００年後、周《しゅう》の文王が初めて、一般にも用いられるように体系づけたといわれています。

それから今日にいたるまでに、多くの研究家や学者の手を経てきた現代の「風水学」は、４５００年の長い歴史のなかで、ありとあらゆる試練を経て統計的に体系づけられてきました。これは中国の歴史哲学の集大成であり、東洋思想を代表するものといえます。そしていままでは、たんに運命学と呼ぶにはふさわしくないほどの説得力をもった、現代の科学といっても過言ではありません。

現在、日本で親しまれている風水学は、中国伝来の「陰宅陽宅地理学《いんたくようたくちりがく》」を母体とした学問です。そのなかで基本的な判断法として、九つの星とその動きによって運勢を見ていく方法があります。

星といっても風水学でいう星は、西洋の占星術でいうような実際の天空に輝く星ではありません。西洋占星術で扱う「天の星」に対して、木《もく》・火《か》・土《ど》・金《ごん》・水《すい》という万物を組成する五つの天地自然のエレメント(要素)を、九つの星に形を変えてあらわしたものなのです。

九星の見方は、たった九つの星で現象世界のいっさいを説明しつくせるほど、すぐれて象徴的かつ具体的、まさに人間の英知の所産といえるでしょう。

本物の風水は、いまブームのインテリアの配置を中心とした〝風水占い〟とは、似ても似つかない盤石《ばんじゃく》な思想に支えられたものなのです。

あなたの未来が「風水定位盤」に現れる

まず、20ページの図を見てください。これは風水定位盤《じょういばん》といわれるものです。風水学のもっとも基礎となる九星の配置を示した盤です。中央の八角形の部分を中宮《ちゅうぐう》と呼び、この中宮を囲んで、それぞれ方角をもつ八つの宮があります。風水学ではこれらの宮を次の言葉であらわします。

乾宮《けんきゅう》（北西）、坎宮《かんきゅう》（北）、艮宮《ごんきゅう》（北東）、震宮《しんきゅう》（東）、巽宮《そんきゅう》（南東）、離宮《りきゅう》（南）、坤宮《こんきゅう》（南西）、兌宮《だきゅう》（西）です。

そして、定位盤で中宮に五黄土星《ごおうどせい》をすえて、以下、六白金星《ろっぱくきんせい》（北西）、一白水星《いっぱくすいせい》（北）、八白土星《はっぱくどせい》（北東）、三碧木星《さんぺきもくせい》（東）、四緑木星《しろくもくせい》（南東）、九紫火星《きゅうしかせい》（南）、二黒土星《じこくどせい》（南西）、七赤金星《しちせききんせい》（西）というふうに九星が配置されています。

これらの星は、毎年、毎月、毎日それぞれの9年、9か月、9日を一期として周期的に循環しています。この九星の位置の〝移動〟が人間に与える影響を重視した運命学もありますが（『気学風水入門』田口真堂著・永岡書店刊）、本書では九星を固定して使う陽宅《ようたく》法（家相）を中心に、吉凶を判断していきます。

これらの九星のうち、あなたの生まれ星（本命星《ほんめいせい》）がどれにあてはまるか調べておきましょう（55ページ「本命星早見表」参照）。のちに重要になります。

風水学において定位盤を見る場合、本来は、ふつうの地図と違って、図にあるようにつねに下方が北になっています（これ以降は見やすいように、北を上方にして記します）。

[定　位　盤]

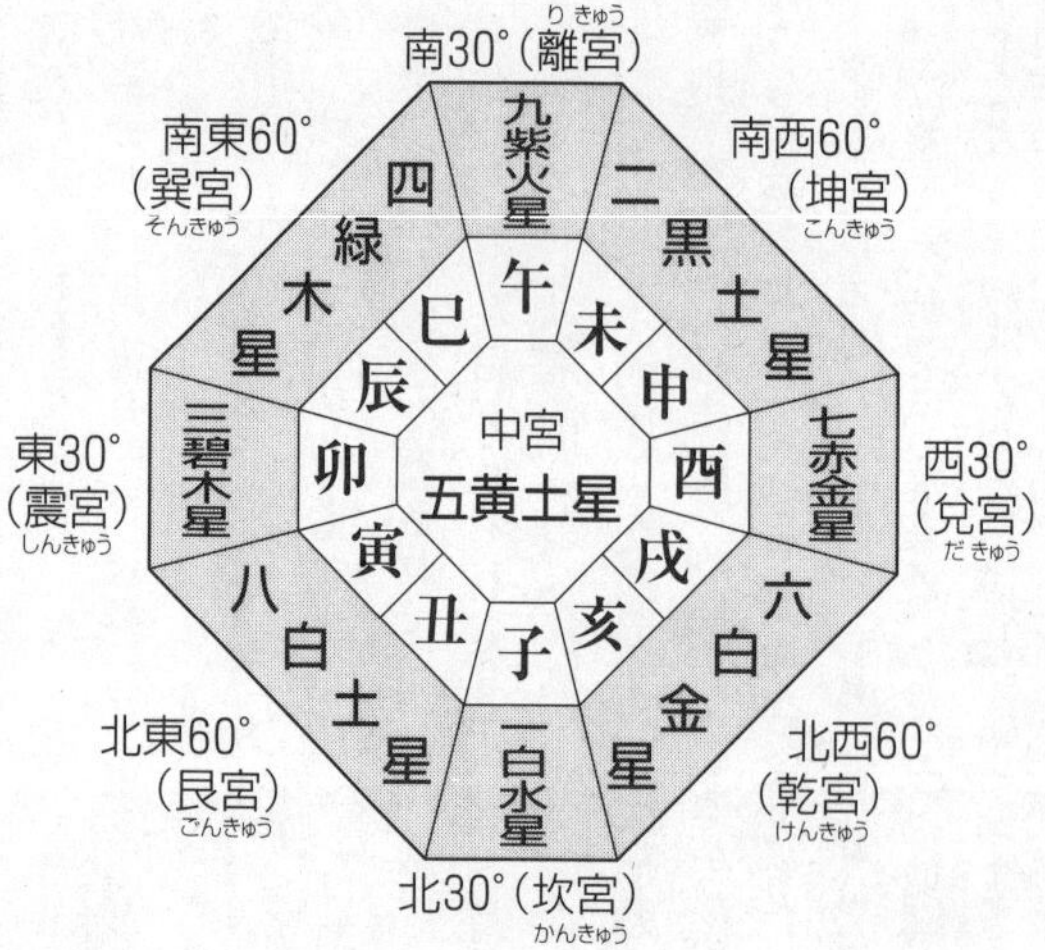

※風水学の基礎となる九星を配した盤。中心に五黄土星を据え、内側から十二支、九星、方位の順で構成されている。
※北を下方にするのが盤の正式な置き方。

また、それぞれの方位の角度は、東西南北は30度に定めており、北東、南東、南西、北西は60度に定められています。なお、十二支《じゅうにし》別の方位はそれぞれ30度ずつ配分されています。

風水の魔訶不思議な起源をたどると…

中国四千年の歴史が育《はぐく》んだ風水。その起源をさかのぼると、仙道《せんどう》五術《ごじゅつ》（山《さん》・医《い》・命《めい》・卜《ぼく》・相《そう》）という摩訶不思議《まかふしぎ》な思想にたどりつきます。

この五つの術の一つは、「山」で修行をする、つまりカスミを食べたりしながら宇宙の気を取り込む。現代の気功《きこう》はこれが原点といわれています。

「医」は文字通り医学ですが、ここでは鍼灸《しんきゅう》・方剤《ほうざい》（薬）・導引《どういん》（マッサージや指圧、整体）などを指しますが、最高の秘法といわれているのが霊治《れいち》で、経穴《けいけつ》（ツボ）に気を注入して治す方法をいいます。

「命」は命理学とも呼ばれ、四柱推命学《しちゅうすいめいがく》、算命学《さんめいがく》など宿命を見る術です。

「卜」というのは運勢を見るもので、街頭で易者《えきしゃ》が筮竹《ぜいちく》を使って占っているのを見かけることがあります。ここには、方位学や気学なども含まれています。

そして「相」というのが風水・陽宅（家相学）・地理（地相学）・面掌《めんしょう》（人相手相学）

を含んだ術ということになります。

この「山・医・命・卜・相」の五つの術を完全にマスターした人物が、「仙人」と称されていたわけです。導師または国師とも呼ばれており、主として一国の主のブレーンとなることが多かったのです。そこでは、軍陣を敷く際の作戦や籠城《ろうじょう》の方法、さらには都市計画、そして墓相などの法術を通して、国土に利益をもたらしていたわけです。風水は古来、そうした法術の一つとして用いられてきました。

この「風水」は、狭義では墓相学（陰宅《いんたく》）のことを指しています。ここに家相学（陽宅）、地相学（地理）を加えたものが、現在いわれている風水にあたります。

風水という名称は、こうして生まれた

墓相、家相、地相を占う「風水」の、もともとの言葉の意味は、古書に「風を蔵して水を得る」と書かれているように、まわりが山に囲まれていて、烈風が吹き込むのを防ぐようなところで、近くに川や湖などがあり、井戸を掘ると良質の水が得られるような土地をよしとしていたところからきています。

また、陰陽五行説《おんようごぎょうせつ》にあるように、木（風）・火・土・金・水といって、最初の木（〝木〟は春の木で、春になると良風が吹くことから〝風〟とも呼ぶ）と、最後の水を合わせ、こ

の世の天地いっさいは木、すなわち風に始まり水で終え、さらに風に返るとする中国的な自然観、宇宙観も影響しています。

そして儒学《じゅがく》の原理である易経《えききょう》では「風水渙《ふうすいかん》」という章があります。それは、六十四卦《か》（章）からなる易経の教えの一つで、神仏を敬い祖先を尊んで、大切に祭祀《さいし》することを勧める儒教道徳の基本理念です。

「風水」という名称は、こういった理念や自然観、宇宙観から生まれたのです。

風水とは大自然の「気」の流れを読む学問

風水学は元来、陰宅と呼び、墓地の吉凶を選定するもので、祖先を尊ぶ観念の強い中国の風俗習慣から生まれたものです。それがのちになって、墓地の吉凶を見るばかりでなく、生きている人間の宅地の吉凶を見るようになってきました。これを現代では「風水陽宅術」と呼ぶようになったのです。

また、風水学は、陰陽道《おんみょうどう》から文化的に発展した中国の開運法で、四千年の歴史をもち、老荘《ろうそう》思想をルーツとする古代中国の都市計画法であり、環境科学なのです。

「風水陰宅（＝墓相）陽宅（＝家相）術」「遁甲方術《とんこうほうじゅつ》（敵を攻めたり守ったりするのに最適な時と場所を選ぶ戦術）」「風水地理学」に大別できますが、その基本理念は次のよ

[中国古来の風水学]

◎風水陰宅術＝墓を占う（墓相）
◎風水陽宅術＝家を占う（家相）
◎風水地理学＝土地を占う（地相）
◎遁甲方術＝攻めと守りを占う

うなものです。

中国人は古来、つねに大自然と人間の調和を大切にしてきました。現代人のように自然を征服するのではなく、人間はあくまでも大自然のなかでは、一つの要素にすぎないと考えてきたのです。その結果、自然と人間のバランスを考えたうえで、大自然にそって生活することが成功への近道と悟ったのです。

悠久《ゆうきゅう》なる大自然を見守り、天地万象の変化のままに力強く生活する中国人の偉大な適応力は、かの毛沢東《もうたくとう》亡きあとの内政の乱れにも、民衆がさして動揺せず、これまでと変わらぬ生活を続けてきたことからもうなずけます。

このような中国人独特の考え方を背景として生まれ、あの徹底した現実主義と商魂を支えてきたのが、「気」の流れを読み取って運命を好転させていく「風水」なのです。

もともと風水とは、四千年の昔、天下を制した中国の皇帝たちによって確立された、乱世を果敢《かかん》に生き抜くための知恵です。地球がはらむ大地のエネルギー「気」を、自分の住む場所や行動する方向にも取り入れ、運を切り開くための占いであり、学問なのです。

自然界は宇宙からのエネルギーを受けています。このエネルギーは大地や海洋にいたり、流れをつくります。これが経絡《けいらく》という「気」の流れですが、人間はこの気の流れを自然界から受けており、この〝受け方〟によって運勢がよくも悪くもなります。ですから、自然界の経絡を把握すれば適切な「気」が受けられ、開運をはかることが可能になるのです。

「気」は大きく分けて三つある

さて、その宇宙からのエネルギー、「気」とはいったい何なのでしょう。「気」のつく言葉を書き出してみると、気分、気持ち、気品、元気、気象、天気、気流、空気……。これらの言葉に共通しているのは、人間の精神や自然の働きにかかわる大切なものということです。どれもその実体を、目で見ることができないだけに、「気」のとてつもなく大きな力を感じずにはいられません。

大自然の気の流れには、大きく分けて「精《せい》」と「気《き》」と「神《しん》」という三つの種類があります。

風水では「精」を身体とみなします。つまり肉体のなかに存在する気の流れ、すなわち、東洋医学でいうところの経絡《けいらく》（十二経脈）をさします。「気」は運気の流れ、すなわち私たちの運命の変化変動をつかさどります。一般的には、運勢と呼ぶものと同様です。この運勢を見る方法に「陽宅法（家相学）」と「陰宅法（墓相学）」があります。そもそも風水学は、祖先の霊を最上級になぐさめて子孫の繁栄をはかる学問ですから、陰宅法がいちばん肝心なものといえます。もともとは、この陰宅法のみをもって、古来、風水と呼んでいたくらいなのです。

ちなみに以前、話題となりましたが、金日成《キムイルソン》の死の予言をしていた風水学というのは、この墓を占う「陰宅法」のことです。現在でも朝鮮半島や日本の沖縄では、〝風水イコール墓相〟という認識が、風水学の長い歴史のなかで、民衆の常識にさえなっています。

そして「神」とは、心の働きや、死んだあとの魂の活動をあらわします。つまり霊魂のことです。『太平経《たいへいきょう》』では、次のように述べられています。

「神は気によりて働く。人に気があれば神が宿り、神が宿れば気もあり。神が去れば気は絶え、気が無くんば神は去る」と。

本物の風水学の凄さとは

風水学では、大自然における万物を生み出し万物を働かせる根源的なエネルギーを、「気」と呼んでいます。この気の流れや勢いのことを「脈《みやく》」ともいいます。

そして、大地の気の勢いを「地脈《ちみやく》（龍脈《りゆうみやく》）」と名付け、天の気の流れを「天脈《てんみやく》」、人に宿る気の流れを「人脈《じんみやく》」と呼んで、これらを合わせて「天人地《てんじんち》」の三才の気脈となります。

風水では三つの脈を読むことが大切なのですが、昨今、おもに行われているのは、地脈を選定する「地相占術」のみで、本来の風水学のほんの一部を実践活用しているにすぎず、私には、気のきいた〝測量士〟としか思えません。本来の風水学は歴史が長く、もっと奥行きが深く広いものなのです。

風水学はいま「地脈（龍脈）」を判定する地相占術である「地理学」や、繁栄する土地の選定や家運の興隆を占う「陽宅（家相）術」が、主として注目されています。しかし、本来の風水学は、正しい先祖の祭祀《さいし》によって子孫の繁栄をはかる、いわゆる〝おとむらいの学問〟なのです。

実際、地脈だけを判断するものは、香港《ホンコン》、台湾《タイワン》、韓国だけでも数百種の本が出版されていますから、私の弟子の某国立大学の中国語の助教授でしたら、その語学の力で、ゆうに一か月もすれば知識の量だけはクリアできます。しかしながら、そのどの書物も、生きている個人の運命を確実に把握して、「厄難を避け福運を呼ぶ」本来の風水学の使命を果たしているとはいえません。なぜなら、その書物の多くは、一般の人には実現不可能な建墓法や、地理（運が開ける土地の選定法）や陽宅（家相術）、およそ大衆には無縁の築都法《ちくとほう》（古代の都市計画法）などが書かれているだけだからです。

このようなことから、風水学は一部のブルジョア的な特権階級のものとなり、大衆は費用のかからない道教《どうきょう》的な呪《まじな》いやお祓《はら》いで、風水的な災いを避けるのが精一杯というのが現状なのです。

風水学がこのようになったのには、歴史的に深い理由があります。

「風水」は中国四千年の歴史でつちかわれたものですが、その途中でインドから渡米した仏教僧によって、新たな知識が加えられて、たいへん優れた盤石の風水学に成長しました。そして中国の歴史上、天下を制し権力の中枢に昇るために幾多の戦乱が繰り返され、その歴史のなかで風水学の基というべき「仙道五術」がつくられてきました。

この分野の達人といえば、紀元前200年前後の三国時代に名高い軍師、諸葛孔明《しょかつこうめい》です。中国全土を三分割して均等に保つという考え方は、風水学が基本となっているのは明らかですし、有名な「赤壁《せきへき》の戦い」において、風を起こして味方を勝利に導いたのを代表に、自然を利用してさまざまな術を使ったところなどは、まさに風水学の実践といえるでしょう。風水学を究めた者は、風や水を操って雨を降らせたり、風を起こしたり、雷法という秘術により雷や稲光を現出し、時には大地を震わせて小さな地震を起こすことさえ可能だったといわれています。

このように、風水学は当時、幾多の仏僧と道教の道士との交流によって、ある時は皇帝にとって「国家鎮護」の学問となり、ある時は「三国志」で見るように他国をおびやかす危険な学問であったわけです。

そのため、多くの風水師は囚《とら》われの身となって処刑され、奥義《おうぎ》に値する本物の秘伝は焼かれて、無理やり価値のないニセモノを書かされ、それが今日まで伝法されて残されているのです。

しかし一方では、風水師の多くは、国や人の未来の運命を見る「讖緯僧《しんいそう》」という仏僧でしたので、仏法を広める方便として風水学を究めました。

今日残されている文献では、重要な大乗仏典《だいじょうぶってん》（法華経《ほけきょう》、大品般若経《だいぼんはんにゃきょう》、般若心経《はんにゃしんぎょう》、仏説阿弥陀経《ぶつせつあみだきょう》など他多数）を訳された鳩摩羅什三蔵法師《くまらじゅうさんぞうほうし》が、当時の中国、インド、チベット三国一の国師として、有力な国王や将軍に囚われの身となりながらも、風水僧、讖緯僧として的確に指導していたことが、6世紀に梁《りょう》の慧皎《えこう》が著した『高僧伝《こうそうでん》』に、次のように記されています。

「陰陽星算《おんようせいさん》も必ず尽くさざるなく、吉凶に妙達《みょうたつ》して言《ごん》は符契《わりふ》の若《ごと》し」

（宿命を知る学問や、運命の勢いとそれを変える風水学などもすっかり究め尽くしていて、その吉凶の成果はまるで符契のようにぴったりと一致するのだった）

この文献からもわかるように、当時の戦乱の巷のなかで、仏僧が、衆生《しゅじょう》（大衆）を大乗仏法によって教化するための方便として、風水学を好んで学んでいたことは明らかです。

しかし結論からいえば、これまでの風水学では、現在残されている限り、地脈を見る地相占術のみしか、一般に公開されていないのです。希代の軍師、諸葛孔明は風水学を駆使したことで知られていますが、彼のように、天脈、人脈を自在に駆使した風水学こそが、完成された本物の風水学なのです。

日本に風水はどうやって伝わってきたのか

日本では、『日本書紀』の「推古紀《すいこき》」によると、西暦６０２年10月に、百済《くだら》の僧観勒《かんろく》が来朝して、暦、天文地理学の書とともに、今日の風水学の礎《いしずえ》となった遁甲方術《とんこうほうじゅつ》の書を伝えたとあります。一方、それより前の、聖徳太子《しょうとくたいし》の時代の西暦５３８年に、仏教伝来とともに『地理風水陰陽《おんよう》五行《ごぎょう》術《じゅつ》暦書《れきしょ》』などが伝わったとする文献もあります。

いずれにせよ、日本に伝わってからというもの、長く栄えた平安京も江戸も、こうした風水学の原理に基づいて築かれた都であることは、疑うべくもない歴史上の事実なのです。

太古に伝わった「地理風水学」が、日本で初めに行われたのは、天武《てんむ》天皇が都を築く時だったと文献にあります。そしてその後も、源頼朝《みなもとのよりとも》、足利尊氏《あしかがたかうじ》、徳川家康《とくがわいえやす》などの歴代の幕府は、風水によって国家建設を行っていたといわれています。

そして、日本の歴史のなかで、いちばん大きな規模で「風水地理学」が実践されたのが江戸の町、いまの東京です。

江戸の町は、天台宗《てんだいしゅう》の大僧正天海《だいそうじょうてんかい》によって、徳川政権が永遠に千年万年続くようにと、神霊的な方法、地脈《ちみゃく》、霊脈《れいみゃく》、神脈《しんみゃく》を中心とした風水にのっとって都市計画がなされています。そして風水をもとに、ほぼ完璧に設計された江戸は、地球のプラスの気に促され、遷都されることもなく、世界的な大都市東京に発展したのです。

いまも風水は世界で生き続ける

現代の日本の家相学・地相学は、平安時代以前に日本に伝わった風水学が、その後、日本独自に変容し定着したものと考えられます。日本で風水が再び注目され盛んになったのは、ここ10年くらいのことです。風水の本来の姿ともいえる運命学という形で、一般に膾炙《かいしゃ》されるようになったのは、１９９３年春のことで、『気学風水入門』（田口真堂著）でタイトルに使われたのが最初です。

中国本土では、風水の存在はかなり知られてはいるものの、現在これを実行している人は少ないのが現実です。理由は、あの文化大革命で風水が否定されてしまったため、風水を知る人は年配者ばかりになっているというわけです。

しかしながら、オリジナルのほうはもともと、占星術に似た要素をもっているほか、都市設計にまで応用されるなど、その守備範囲は非常に広いものです。

そのため香港や台湾などでは、いまでも人々の生活にしっかり溶け込んでいて、都市やビルの設計や、ビジネスなどに用いられています。

この根強い人気の秘密は、合理的な現代人の理にかなっているという点にあります。ある意味では、これは古代中国人が経験から生み出した生活の知恵の集積と考えられます。

中国人というのは、徹底した合理主義者です。また同時にエピキュリアン(快楽主義者)でもあります。中国料理を見れば、その考え方がよくあらわれています。とにかく、ありとあらゆるものを食べます。四本足は、机以外はすべて料理してしまう。飛んでいるものは、飛行機以外はすべて食材としてしまいます。

この考え方が思想、哲学の分野にまであてはまり、老荘思想をもとに、厳しい現実を生き抜くための知恵として体系化され、風水学は現在も生き続けているといえるでしょう。

また、最近はイギリス、アメリカ、韓国、シンガポールを初めとして全世界的にブームになっています。欧米では、アメリカを中心として、東洋学のなかの一ジャンルとして注目され発展してきました。東洋では、風水は迷信だといわれることもあったのですが、欧米でむしろ、その科学性が注目されたのです。その風水が日本に逆輸入されるような形で、いまのブームにつながっているといえます。

海外で風水がどうとらえられているかといいますと、本場中国では、地理や墓相＋家相学と考えられており、そこに土着の宗教や道教、さらにはシャーマニズムなどまで含められているのが現実です。韓国では風水といえば90％が墓相学として用いられているようです。

お隣、北朝鮮では、金日成《キムイルソン》亡きあと、いまだに金正日《キムジョンイル》が国家首席に就任していません。このことは当初から、欧米諸国や日本において、健康不良説、内部不統一説など、いろいろ取り沙汰《ざた》されてきました。

しかし、すぐに国家首席にならなかったことは、風水学から見ればごく自然なことといえます。少なくとも3年は喪に服することになっているからです。そういえば、父、金日成の墓もかなり巨大なもので、いわば現代の古墳状態。もちろん風水学にのっとって造られています。

東洋で風水が盛んなのは、なんといっても香港です。香港では地理風水（地相学）として利用されるケースが多いようです。香港での風水は文字通りブームといってもいいほどで、高名な風水師は鑑定料金も超高額。相談者の年収分ぐらいの相談料が相場といわれています。

香港の風水師はそのステータスも高くて、政治の中枢にいるか、マスコミのキャスター、コメンテーターとして活躍するケースが多く、実業界にはあまり多く存在していません。

現代教育では、香港に限らず風水などは軽んじられることが多いのですが、香港の人々は、たとえば台所のコンロの数は3、5、7、の奇数でなければいけないとか、日常的に風水を活用しています。

おもしろいのは、さまざまなギャンブルに勝つためにもまた風水が活用されていることです。ギャンブラーは勝つためには何でもやる。これは洋の東西を問わず当然のことでもあるのですが、香港ではとりわけ風水に頼ることが多い。たとえばこんな具合です。

自分の家の前に下水が流れているとします。その下水の水が家のなかから見て左から右に流れていれば、勝ち組になれるということです。

では、右から左へ流れていたら、その家の人はつねに負けてばかりいなければならないのでしょうか。いいえ、その場合は玄関から外に出るとき、後ろ向きに出ていけばいいのです。こんな救済策もあるわけで、風水にがんじがらめにならないところがまた楽しい。こういったゆとりのある風水との付き合いが、開運法としても理想的といえます。

第2章

未来を切り拓く風水とはいったい何か

奥深い法則の基本がやさしくわかる

風水の「成り立ち」がわかるQ&A

Q 風水は、いつ、どこで、どのように生まれたのですか

A ご存じのように、古代文明の発祥の地の一つとして、中国の黄河《こうが》、揚子江《ようすこう》などの大河があります。

古代中国人は、人間は水から生まれ、水に育てられ、水によって健康や運命までも決定されると考えていました。また、天の怒りは風となり、人間の吉凶禍福《きっきょうかふく》も左右するものと考えられていました。そのため、水が豊富で風のない場所に古代の都は築かれました。

こういった中国的な自然観があり、そこから自然界の「気」のエネルギーを読み取って運命を好転させていく「風水」へと発展していったといえます。

文献によりますと、紀元前200年ごろの中国の秦《しん》の時代に、相地《そうち》（土地や住居、墓地を占う方法）が行われていたと記録にあります。

魏《ぎ》・晋《しん》の時代には、管輅《かんろ》、郭璞《かくはく》などの著名風水師があらわれ、さまざまな場所で一流の占法を行い、今日残る風水の秘伝書を残したのです。有名な『葬書《そうしょ》』は、この時代に郭璞が著した代表作です。

Q 風水という言葉のもともとの意味は何ですか

A 易経《えききよう》には『風水渙《ふうすいかん》』という言葉があり、これは易経によると先祖霊を集めて祭《さい》祀《し》するという意味があります。すなわち、もともとは、祖先祭祀法からきたものと見ることができます。

また清代《しんだい》の範宜賓《はんぎひん》は、「水がなければ風が来て気は散る、水があれば気が止まって風はなくなる。故に風水の二字は地学の最とし、そのうち得水《とくすい》の地（水を得られる場所）を上等とし、蔵風《そうふう》の地（風のない場所）を次等とする」と、書いています。

すなわちよい水があって、風を避けられる場所を選定することが目的という考え方もあったわけです。これを「地理風水」といいますが、地理風水はもともと一つのもので別個のものではありません。地理風水を略して今日「風水」と呼ぶことになったわけです。

風水の「伝来の歴史」がわかるQ&A

Q 風水が日本に伝わったのはいつですか

A 風水は、最も古くは、西暦538年に仏教伝来とともに日本に伝わったといわれています。聖徳太子の時代に『地理風水陰陽《おんよう》五行《ごぎょう》術《じゅつ》暦書《れきしょ》』などが伝わったと文献にはあります。

Q　日本でも昔から風水は行われていたのですか

A　日本で地理風水がいちばん初めに行われていたのは、天武《てんむ》天皇が都を築く時に、地理風水を実践したと文献にあります。また、源頼朝《みなもとのよりとも》を初めとして足利尊氏《あしかがたかうじ》、徳《とく》川家康《がわいえやす》など歴代の武士の幕府の政権は、風水によって国家建設を行っていたといわれています。

Q　日本の都市で、風水をもとに設計されたところとは

A　日本の都の多くは、太古に伝わった地理風水学により、厳密な都市設計がなされてきました。とくに奈良、京都、東京はその代表的な都といえます。

Q　江戸の町は風水をもとに、どう設計されたのですか

A　江戸城、江戸の町は徳川家康のブレーンであった天台宗《てんだいしゅう》の大僧正《だいそうじょう》天海《てんかい》によって、完璧なまでに、風水的に都市計画がされています。それは徳川政権が千年万年続く

ようにさまざまな神霊的な方法、地脈《ちみゃく》、霊脈《れいみゃく》、神脈《しんみゃく》を中心とした風水にのっとって都市計画がなされているのです。

たとえば、北東の鬼門《きもん》に上野《うえの》の寛永寺《かんえいじ》、浅草観音《あさくさかんのん》を鬼門除《よ》けとして祀《まつ》り、南西の裏鬼門《うらきもん》には目黒不動《めぐろふどう》などを造営しています。そしてもっとも尊いとされる、真北である北極星の位置の真ん中には、初代徳川幕府を開いた徳川家康が、日光東照宮《にっこうとうしょうぐう》に神霊として祀られているのです。

風水の「キーワード」がわかるQ&A

Q **風水で重要な「陰宅《いんたく》」「陽宅《ようたく》」という言葉の意味とは**

A 陰宅とは墓を占い、陽宅とは家を占うという意味です。どちらも陰宅風水、陽宅風水の略となります。

Q **風水に、なぜ生年月日（本命星）が関係するのですか**

A この地球上では毎年、年を中心とした磁気の働き、月を中心とした磁気の働き、日を中心とした磁気の働き、時間を中心とした磁気の働きがあり、つまり磁気の働きにより年月日時の大きな働きの違いが毎年、毎月、毎日、毎時、微妙に違うといわれています。人間もつねに大きな太陽や月、星、磁気などの、宇宙的な働きの影響下にあります。

これらは、毎年、毎月、毎日、毎時に変化があります。その変化を宇宙自然のエネルギーの変化と見て、我々の生まれた瞬間に生まれた時の宿命的に受けている大自然の影響のエネルギーと、生涯のさまざまな場所や環境におけるかかわりを判断するのに、生年月日は必要とされています。

Q なぜ「気」というものが風水と関係するのですか

A 「気」というのは目に見えない宇宙の大エネルギーであり、そのなかに「陰《いん》の気」と「陽《よう》の気」があり、それはまた五種類の「木《もく》・火《か》・土《ど》・金《ごん》・水《すい》の気」に枝分かれするといわれています。

この気のエネルギーの働きが、人間の健康や運命に密接に関係するというのが東洋思想の根幹ですから、風水もその考え方を源流として、気のエネルギーを読み取り、土地の相を占い、家の相を占い、墓の相を占うのは必然的なことなのです。

Q 「気」とは何なのですか

A 「気」とは、目に見えない大自然のエネルギーのことです。

たとえば、電気は目には見えませんが、たしかに存在して我々の文化生活を支えていますし、空気は、一瞬たりとも吸わなければ生きていけません。この電気や空気だけでなく、この世には、目には見えないありとあらゆるエネルギーが満ちているのです。

そしてこのエネルギーを大きく分けると、陰の気や陽の気があり、さらには「木・火・土・金・水」という大きな気の流れがあるというわけです。

Q 風水で大切な「地脈《ちみゃく》」「天脈《てんみゃく》」「人脈《じんみゃく》」とは何ですか

A 地脈は大地のエネルギーの流れをさします。これを風水では「龍脈《りゅうみゃく》」とも呼びます。また、地上で心霊的な働きのある神社、お寺、教会、墓地、祠《ほこら》、塚などの影響も判断します。

天脈は天、すなわち神からの影響と天候の働きを判断します。つまり神、神霊の加護や神霊からのたたり、障り、また人間には本命星として天に輝く星との深いかかわりがあり、そこからの影響などを判断します。ときには、さまざまな天変地異の働きと人間とのかかわりを判断します。

人脈とは、人に宿るエネルギーの流れのことです。人間は個人では存在していないものです。社会という人と人とのつながりのなかで必ず、他人の影響や支えによって個人の人間は存在しているのです。出会う人との相性、縁の吉凶、順縁、逆縁などの吉凶を判断します。

Q なぜ風水では「龍」の形を尊ぶのですか

A 風を起こし、雨を降らす伝説上の神、架空の動物として古来、中国では龍という存在を尊びます。

この風と水とを自在に駆使する架空の神霊を「龍神」と呼びますが、風水ではこの龍神の限りなく宇宙的な優れたエネルギーを、大自然のエネルギーと結びつけて、さまざまな占術判断をすることになります。

Q 風水でよく聞く「鬼門《きもん》」とは何ですか

A 何事にも注意すべき方角として、一般的にもよく知られている鬼門は、家の中心から見て北東になります。気象学上、天候の異変は、北東から南西にかけて動いたり、南西から北東にかけて動いたりします。これは、日本だけではなく世界的にいえることです。

すなわち、大地のエネルギーは北東から南西にかけて走り、あるいは南西から北東にかけて走っているのです。

そのためとくに、この北東を「鬼門」と呼び南西を「裏鬼門《うらきもん》」と呼んで、この場所のエネルギーを、ある時は尊び、ある時は注意することになります。

Q 凶運をもたらす「災脈《さいみゃく》」とは何ですか

A 大地で働く宇宙的な大きなエネルギーを「気」といい、その流れを「脈」といいますが、こうした気の流れである脈が乱れ、禍《わざわい》をもたらすことを災脈といいます。人間の厄年に深くかかわるものです。

人には誰にでも厄年というものがあります。その時は不思議と何をしてもうまくいかずに失恋したり、職を失ったり、離婚したり、事業が倒産したり、難病にかかったり、身内に次々と不幸が訪れたりします。とにかく運《ツキ》に見放されてしまうと、人生どうにもなりません。

厄年の六つの時期には、逝《い》く厄（19歳）、濁《にご》り厄（25歳）、散々《さんさん》厄（33歳）、孤《み》なし厄

（37歳）、死に厄（42歳）、無為厄（61歳）などがありますが、その前後の年が前厄と後厄ということになり、もっとも注意しなければなりません。これらの厄災の原因が、10種類の「災脈」で、10種がお互いに微妙に関連しあって、人に不運をもたらすといわれています。

Q 厄年の原因になる10種類の災脈とは何ですか

A 10種類の災脈とは、それぞれを方脈《ほうみやく》、生脈《しようみやく》、蓄脈《ちくみやく》、物脈《ぶつみやく》、業脈《ごうみやく》、死脈《しみやく》、祖脈《そみやく》、鬼脈《きみやく》、神脈《しんみやく》、宅脈《たくみやく》といいます。

「方脈」とは風水でいう五黄殺《ごおうさつ》、暗剣殺《あんけんさつ》、本命殺《ほんめいさつ》、破《は》といった凶方位を犯すことにより生ずる災いのことです。

「生脈」とは、何らかの理由で恨みや憎しみを抱く人の念のマイナスエネルギーのことをいいます。すなわち生き霊《いりよう》の災いをいいます。

「蓄脈」とは、亡くなった動物の霊や動物が化けた妖怪が災いすることをいいます。

「物脈」とは、宝石や絵画などの物品に宿った霊や念をさし、あるいは木石に宿った妖精などが災いすることをいいます。

「業脈」とは、自らが犯した前世からの悪因縁の結果、災いを受けることです。

「死脈」とは、死者の霊魂が生者や子孫に災いすることをいいます。

「祖脈」とは、風水脈とも呼び、祖先の墓の立地するところが悪相だったり、墓そのものに風水的に致命的な欠陥があって災いすることをいいます。

「鬼脈」とは、霊力のある鬼神や動物霊が、人の呪詛《じゅそ》などによって災いすることをいいます。

「神脈」とは、神社、仏閣、霊山などへの不敬（神仏に非礼を働くこと）をすることによる、いわゆるタタリのことです。

「宅脈」とは、土地や建物の相が悪くて不運を招くことをいいます。

いっさいの災厄をもたらす原因となる災脈は、必ず前もって、あなたの精神状態にあらわれたり、身体の異常や日常生活の運、不運という形であらわれるものです。風水は、こういった災脈の厄を判断することもあります。

風水の「占術の意味」がわかるQ&A

Q 風水は、具体的に何を見て何を判断するのですか

A 「風水」には大きく分けて二つあります。一つは「陰宅風水」といって、墓地の

選定と墓相を決定することにより祖先霊を慰め、家運繁栄を願う占術です。もう一つは、優れた陽気のある土地を選定し、そこによい家相の家を建てることによって、健康と開運を図る「陽宅風水」があります。

Q 風水＝家相学、方角・方位占いと考えていいのですか

A 風水は日本の家相学、そして気学、方位学などの知識も当然入ってきますが、中国の堅固な思想に支えられた占術です。さらに学問的には、広範囲なその土地、地域、市や街全体のマクロ的な視点をもつ、ある種の都市計画法であって、環境整備方法でもあるのです。当然それには、方位の知識や家相学の知識も含まれてくるということになります。

Q 日本でブームの「風水占い」と「風水」はどこがどう違うのですか

A 風水は、大地の気のエネルギーである龍を基本として、土地の相を占ったり、墓地を選定したり、家の繁栄を願う具体的な方術ですが、古来、中国で４００年もの年月をかけ、多くの研究家や学者の手を経て考えだされた歴史哲学に基づいています。

日本でいまブームになっている〝風水占い〟は根拠のないものも多く、インテリアの配置を中心とした、およそ本来の風水とは似ても似つかないものとなっています。

Q 住居の方角の吉凶を見ると、造りが同じ団地に住む人は皆同じ運勢になるのですか

A 同じ運勢の傾向があります。健康面や家庭面、そして仕事運、人間関係運など、共通した運勢をたどることが多くあります。実際に調査されると、それがよくわかると思います。

団地やマンションなど集合住宅などでは、建物全体の運勢がたしかにあります。それは、土地に運勢があり、建物にも運勢があり、その運勢はそこに住んでいる人全体に影響を与えるということです。

仏教では、こういうことを〝国土《こくど》世間《せけん》〟と呼びますが、我々が日本の国土に住んでいるということは、団地やマンションなどの集合住宅に住んでいることと同じことになります。

日本の国の集合住宅に住んでいますと、日本の国の全体の運勢があるのですから、国民全体に影響があるのは当然です。

そのため、景気のよしあしによって、国民全体がお金持ちになったり、貧乏になったりしますし、また暴風雨や大地震が起これば、その地域全体の人たちが同じような運命をたどる傾向にあることは、容易に想像できます。

Q トイレや玄関の方角が同じ家族は、皆同じ運勢になるのですか

A 家族それぞれの生年月日や年齢、男女の違いで、方位の影響が定まってきます。たとえば、父親は家の中心から見て北西に、母親は南西に、男の子は家の中心から見て北東に、女の子は南東にと、それぞれ家族の構成により、家全体の影響する場所が異なることによって運勢が違ってきます。

Q 方角だけでなく、部屋数にも吉凶はあるのですか

A 部屋数には吉凶はありません。

Q 住まいのある土地が、総じて運のない「衰運《すいうん》の地」であったらどうすればいいですか

A いちばんよい方法は環境を変えるということです。すなわち、開運のエネルギーが宿る「盛運《せいうん》の地」を選んで転居するのがよいでしょう。

風水の「奥深さ」がわかるQ&A

Q 風水の〝本来の目的〟とは何ですか

A 陰宅風水、すなわち墓相学によって、祖先霊を慰め祖先霊の厚い守護によって、家運を繁栄させることが、まず第一の目的になります。

陰宅風水では、埋葬の場所（地理）に、龍（大地の陽気）があれば、祖先は安らかになり、子孫に吉祥をもたらすことになりますが、龍がなければ子孫に災いが続いて、ついには子孫は絶えることになるといわれています。

また、陽宅風水（家相学）によって、いま生活している子孫の土地や住居の陽気を高め、子孫の健康と家運を興隆することも目的としているのです。

Q 風水は中国のその他の占い（四柱推命学《しちゅうすいめいがく》、宿曜《しゅくよう》占い、易学《えきがく》など）と、何か関係はありますか

A 風水に関係のある占いとしては、気学《きがく》、干支学《えとがく》、易学などがあります。しかし、あくまでも風水のなかのエレメント（要素）として存在するもので、風水の根源的な体系とは無関係となります。

Q 風水は「陰陽五行《おんようごぎょう》」と何か関係はあるのですか

A 風水の思想と判断法の根幹には、つねに陰陽五行説が存在しています。それは、ご存じのように、祖霊を慰める陰宅の「陰」、生きている人の繁栄を願う陽宅の「陽」、そして風水的な相地（土地を占う）のために「木・火・土・金・水」という五行を、融通無碍《ゆうずうむげ》に活用することが大切なのです。

第3章
どうしたら幸運を呼び込めるのか
「定位盤」と「本命星」を使った占術法がわかる

あなたの「本命星」を知る

風水で運を開くためには、まず、自分自身の生まれ星（本命星《ほんめいせい》）は何かを知らなければなりません。左の「本命星早見表」を参照して、本命星を生年月日から割り出してください。

注意したいのは、1月、2月生まれの人です。本命星は、いわゆる一般のお正月（1月1日）を境にして変わるのではなく、毎年2月4日ごろに訪れる立春を境に変わります。ですから、風水学では、いわゆる立春を星の変わり目のお正月と思えばいいというわけです。

㈷昭和34年4月2日生まれの方の本命星は？

「本命星早見表」の、昭和34年度の項を見ますと「五黄土星《ごおうどせい》・亥《いのしし》」とあります。これが昭和34年4月2日生まれの方の本命星（生まれた時に、風水定位盤の真ん中に位置していた星）です。

㈷昭和34年2月3日生まれの方の本命星は？

早見表で昭和34年は「五黄土星・亥」ですが2月4日の節分前なので、前年の昭和33年の「六白金星《ろっぱくきんせい》・戌《いぬ》」となります。一日違いの昭和34年2月4日生まれの方は、そのまま昭和34年の「五黄土星・亥」が本命星となります。

［本命星早見表］

※二月の節分以前に生まれた人は前年の本命星となります。
※節分は毎年二月四日、閏年（■印）のみ二月五日です。

生まれ年	本命星・十二支	生まれ年	本命星・十二支	生まれ年	本命星・十二支	生まれ年	本命星・十二支
明治33	一白水星・子	昭和元	二黒土星・寅	昭和27	三碧木星・辰	昭和53	四緑木星・午
34	九紫火星・丑	2	一白水星・卯	28	二黒土星・巳	54	三碧木星・未
35	八白土星・寅	3	九紫火星・辰	29	一白水星・午	55	二黒土星・申
36	七赤金星・卯	4	八白土星・巳	30	九紫火星・未	56	一白水星・酉
37	六白金星・辰	5	七赤金星・午	31	八白土星・申	57	九紫火星・戌
38	五黄土星・巳	6	六白金星・未	32	七赤金星・酉	58	八白土星・亥
39	四緑木星・午	7	五黄土星・申	33	六白金星・戌	59	七赤金星・子
40	三碧木星・未	8	四緑木星・酉	34	五黄土星・亥	60	六白金星・丑
41	二黒土星・申	9	三碧木星・戌	35	四緑木星・子	61	五黄土星・寅
42	一白水星・酉	10	二黒土星・亥	36	三碧木星・丑	62	四緑木星・卯
43	九紫火星・戌	11	一白水星・子	37	二黒土星・寅	63	三碧木星・辰
44	八白土星・亥	12	九紫火星・丑	38	一白水星・卯	平成元	二黒土星・巳
大正元	七赤金星・子	13	八白土星・寅	39	九紫火星・辰	2	一白水星・午
2	六白金星・丑	14	七赤金星・卯	40	八白土星・巳	3	九紫火星・未
3	五黄土星・寅	15	六白金星・辰	41	七赤金星・午	4	八白土星・申
4	四緑木星・卯	16	五黄土星・巳	42	六白金星・未	5	七赤金星・酉
5	三碧木星・辰	17	四緑木星・午	43	五黄土星・申	6	六白金星・戌
6	二黒土星・巳	18	三碧木星・未	44	四緑木星・酉	7	五黄土星・亥
7	一白水星・午	19	二黒土星・申	45	三碧木星・戌	8	四緑木星・子
8	九紫火星・未	20	一白水星・酉	46	二黒土星・亥	9	三碧木星・丑
9	八白土星・申	21	九紫火星・戌	47	一白水星・子	10	二黒土星・寅
10	七赤金星・酉	22	八白土星・亥	48	九紫火星・丑	11	一白水星・卯
11	六白金星・戌	23	七赤金星・子	49	八白土星・寅	12	九紫火星・辰
12	五黄土星・亥	24	六白金星・丑	50	七赤金星・卯	13	八白土星・巳
13	四緑木星・子	25	五黄土星・寅	51	六白金星・辰	14	七赤金星・午
14	三碧木星・丑	26	四緑木星・卯	52	五黄土星・巳	15	六白金星・未

ほかの星との相性「相生・相克」を知る

自分の本命星がわかったら、次に自分にとってツキをもたらしてくれる星と、悪い運勢を運んできてしまう星があることも知っておきましょう。

よい運を運んできてくれる星を相生《そうじょう》、悪いほうを相克《そうこく》といいます。この相生と相克は、本命星が一生同じであるように、やはり一生変わることはありません（左の「九星相生・相克表」参照）。

本命星、相生、相克の三つを知ることで、風水学の基本的な部分を理解することができます。また、人生のさまざまなシーンで、風水学のアドバイスを得ることができます。

この三つを基にして、風水では、人間が行動する時に遭うことになるかもしれない事故や災難、あるいは自分自身の健康への障害、人生の挫折なども予知することができるわけです。

厄災を知ることができるのだから、当然逆の思いがけない幸運にめぐり合うことも、幸運をつかむことも可能です。むしろ、こうした開運に役に立ったら、というのがこの本のねらいです。

［九星相生・相克表］

本命星	相生（幸運をもたらす星）	相克（不運をもたらす星）
一白水星	三碧木星　四緑木星　六白金星　七赤金星	二黒土星　八白土星　九紫火星
二黒土星	六白金星　七赤金星　八白土星　九紫火星	一白水星　三碧木星　四緑木星
三碧木星	一白水星　四緑木星　九紫火星	二黒土星　六白金星　七赤金星　八白土星
四緑木星	一白水星　三碧木星　九紫火星	二黒土星　六白金星　七赤金星　八白土星
五黄土星	二黒土星　六白金星　七赤金星　八白土星　九紫火星	一白水星　三碧木星　四緑木星
六白金星	一白水星　二黒土星　七赤金星　八白土星	三碧木星　四緑木星　九紫火星
七赤金星	一白水星　二黒土星　六白金星　八白土星	三碧木星　四緑木星　九紫火星
八白土星	二黒土星　六白金星　七赤金星　九紫火星	一白水星　三碧木星　四緑木星
九紫火星	二黒土星　三碧木星　四緑木星　八白土星	一白水星　六白金星　七赤金星

風水の開運道具「定位盤」を理解する

風水では、中央に一つ、その周囲を八方に区分けした図が基本となり、これが運勢を占うスタートとなり、方位盤と呼んでいます。

なかでも、九星のうち五黄土星《ごおうどせい》が中央（中宮《ちゅうぐう》といいます）に位置している図を、「風水定位盤《ふうすいじょういばん》」と呼んでいます。これは風水のベースとなるものです。

また、この定位盤は、1章で見たように本来は南が上、北が下になっているのですが、左の定位盤はわかりやすく北を上にし、方位の意味も記してあります。

本来なら、定位盤の中宮の星の位置も、八方の星たちも、毎年、毎月、毎日変わっていくのですが、今回は固定された基本の定位盤を使います。

定位盤の方位がもつ意味は、つねに変わることはありません。ここでは、定位盤と、定位盤の方位のもつ意味をよく理解しておいてください。

風水を実行して運を開こうという時に欠かせないのは、もちろん方位です。そして、家の造りやインテリアのよしあしといった陽宅（家相）を見る時、大活躍するのがこの風水定位盤です。

まず家の中心を見つけ、そこに風水定位盤の太極《たいきょく》を合わせて置き、どの方位に玄関、窓、大きな家具などがあるかを確認するのが大切な基本です。

[風水定位盤]

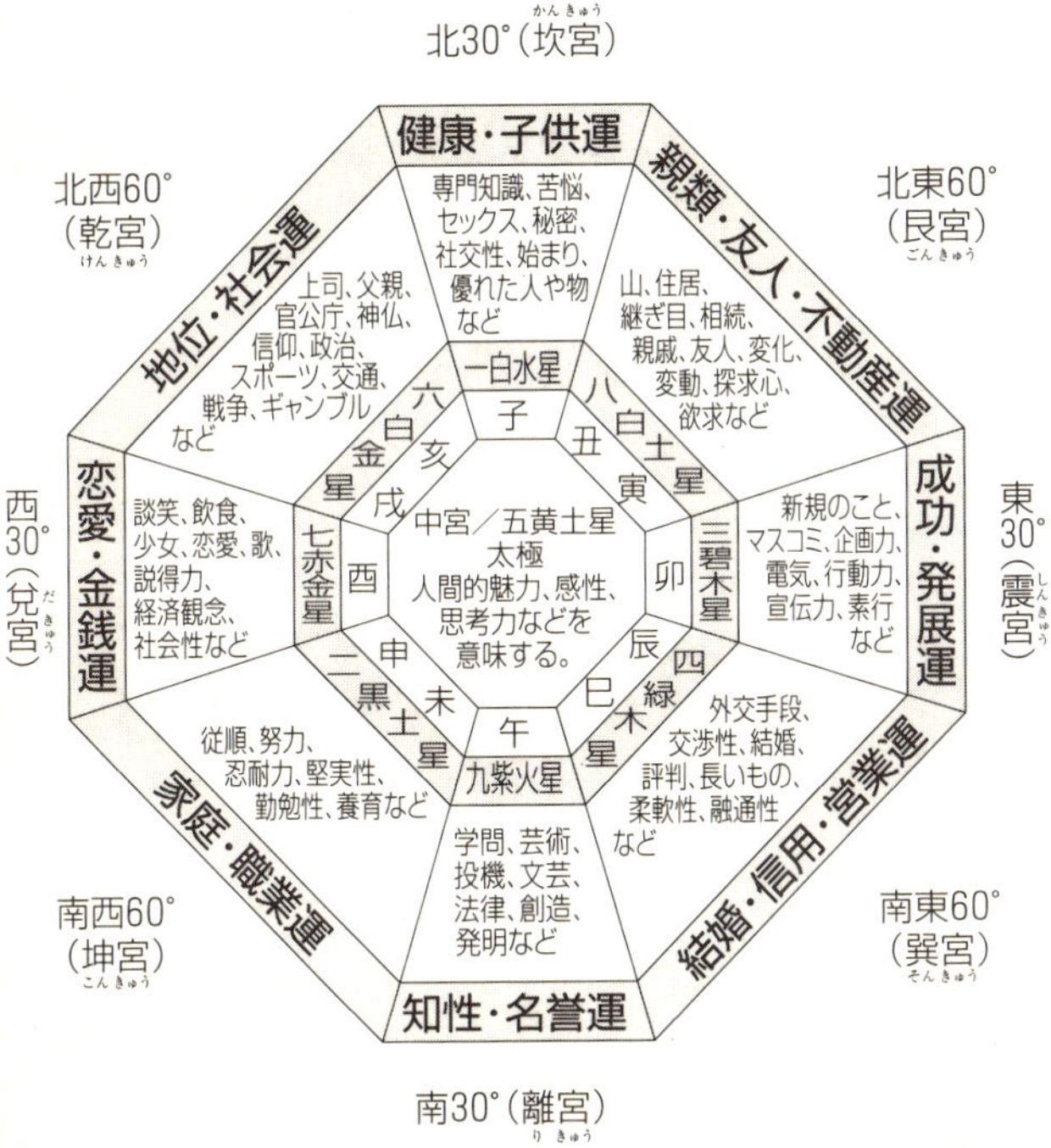
北30°(坎宮《かんきゅう》)
北東60°(艮宮《ごんきゅう》)
東30°(震宮《しんきゅう》)
南東60°(巽宮《そんきゅう》)
南30°(離宮《りきゅう》)
南西60°(坤宮《こんきゅう》)
西30°(兌宮《だきゅう》)
北西60°(乾宮《けんきゅう》)
健康・子供運
専門知識、苦悩、セックス、秘密、社交性、始まり、優れた人や物など
一白水星
子
親類・友人・不動産運
山、住居、継ぎ目、相続、親戚、友人、変化、変動、探求心、欲求など
八白土星
丑
寅
成功・発展運
新規のこと、マスコミ、企画力、電気、行動力、宣伝力、素行など
三碧木星
卯
結婚・信用・営業運
外交手段、交渉性、結婚、評判、長いもの、柔軟性、融通性など
四緑木星
辰
巳
知性・名誉運
学問、芸術、投機、文芸、法律、創造、発明など
九紫火星
午
家庭・職業運
従順、努力、忍耐力、堅実性、勤勉性、養育など
二黒土星
未
申
恋愛・金銭運
談笑、飲食、少女、恋愛、歌、説得力、経済観念、社会性など
七赤金星
酉
地位・社会運
上司、父親、官公庁、神仏、信仰、政治、スポーツ、交通、戦争、ギャンブルなど
六白金星
戌
亥
中宮/五黄土星
太極
人間的魅力、感性、思考力などを意味する。

八つの方位と、中央の太極。この九つの空間は、それぞれ風水定位盤に記されているような意味をもっています。また、一白水星《いっぱくすいせい》から九紫火星《きゅうしかせい》までの本命星は、それぞれ各方位に対応していることを覚えておいてください。

八つの宮に分かれた方位は、東西南北を四正《しせい》といい、それぞれ震宮《しんきゅう》（東30度）、兌《だ》宮《きゅう》（西30度）、離宮《りきゅう》（南30度）、坎宮《かんきゅう》（北30度）です。

その中間を四偶といい、それぞれ艮宮《ごんきゅう》（北東60度）、巽宮《そんきゅう》（南東60度）、坤宮《こんきゅう》（南西60度）、乾宮《けんきゅう》（北西60度）といいます。

そして放射状の中心である太極宮を含めた、合計九宮に宿る各効力を分析・判断し、開運に役立てるわけです。たとえば、金銭的な問題で悩んでおられる方なら、その支配宮である兌宮《だきゅう》を、また結婚に縁遠い場合であれば、その支配宮である巽宮《そんきゅう》を調べてみるといった具合です。

「定位盤」から吉凶を判断する方法

基本的な陽宅の読み方と開運法は次のとおりです。

まず家の中心にこの盤を置き（中心の見つけ方は62ページ参照）、東西南北は30度、北東、南西、北西、南東は60度になるように区切り、家の各方位に何が位置しているかを調べ、吉凶を判断します。

ほかにも、いまあなたがいちばん悩んでいることが、どの方位に当たるかを判断し、その方位の家相をよくするためにも使います。

家に張り出し（出窓などの凸《とつ》部分）があると、その方位のもつ意味が強められ、逆に欠け込んでいるとマイナスの作用があると考えられます。

また、家に必要な家具や設備（水回りなど）が、家の中心から見てどの方位にあるかで運気は変わってきます。

恋愛運、結婚運、金運や健康運など、具体的な願いとその開運術は、5章から順次紹介していきます。

いま、あなたが悩んでいる事柄があれば、その意味をもつ方位を定位盤で見つけ、その部分の家相をよくする努力をします。いちばん身近で大切なのは掃除です。掃除を怠け汚れ物をためていると、その方位のもつ意味に、やはり悪い作用が働くことになります。整理、整頓、清潔がいちばん大切であることは心にとめておきましょう。

では家の中心の見つけ方や、定位盤への具体的な記入例をこれから見ていきましょう。

[家の中心（太極）の見つけ方①]

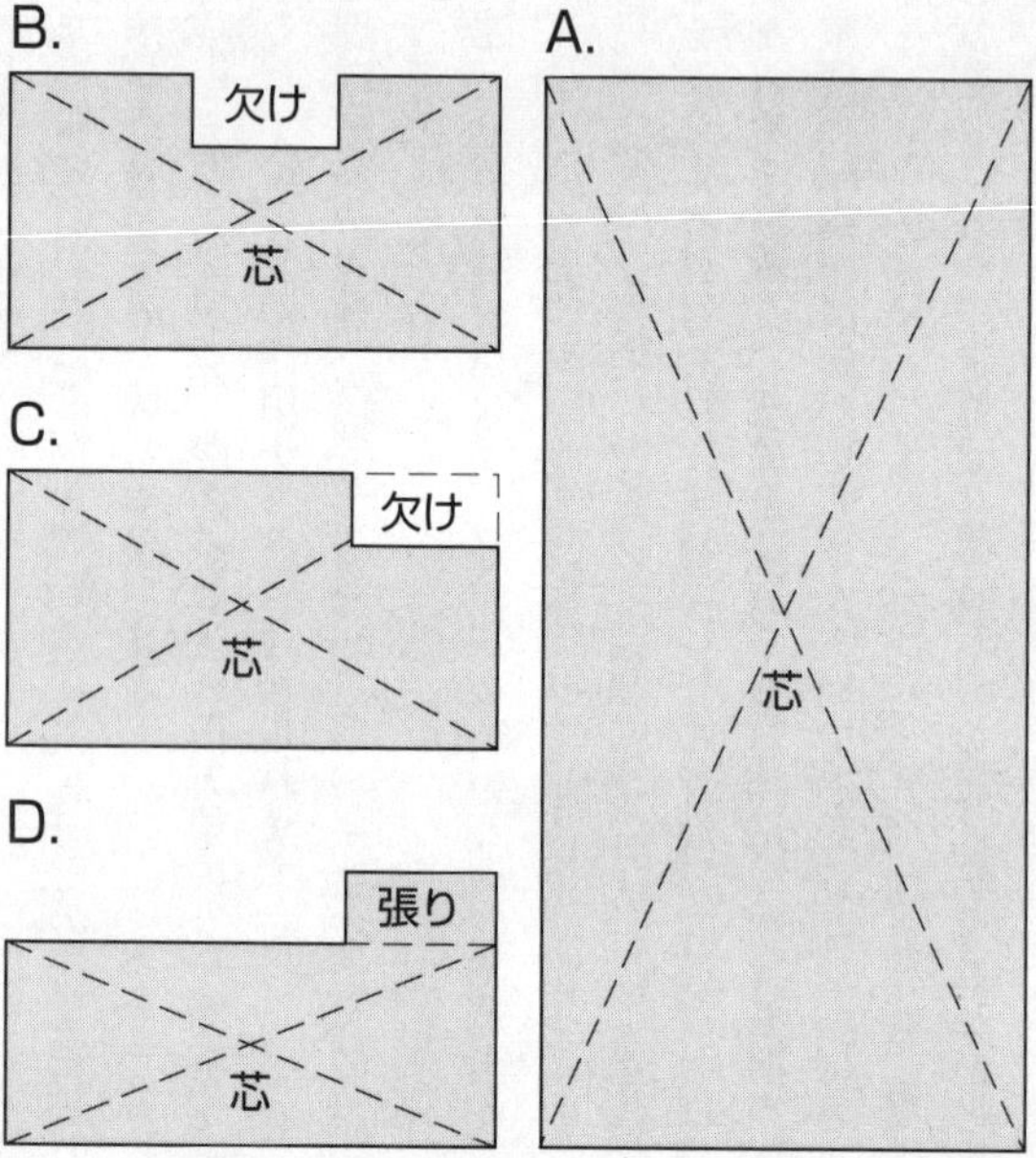

家の中心（太極）の見つけ方① 基本

家や部屋の見取り図に、右のような補助線を引きます。その交差点が風水を判断する時の中心になります。

たとえばAの場合は、対角線のみで簡単に中心がわかります。BやCのように欠け（凹《おう》部分）があれば、その部分をカットするか、カバーして対角線を引きます。Dのように張り出し（凸部分）がある場合は、出っぱった部分を点線で切ってしまい、対角線を引きます。

家の中心（太極）の見つけ方② 変形

さらに変形した家の場合の中心（太極）の決め方は、次ページの図を参考にして、よく確かめてから決めてください。

Eの場合は、イとロの間隔が、ロとハの間隔の3分の1以下なので、図のように対角線を引いて芯を定めますが、Fのようにイとロの間隔が、ロとハの間隔の3分の1以上になるときは、図のような方法で補助線を書き、対角線を引きます。

GやHのような部屋はあまりありませんが、念のため参考に入れておきました。残りのI〜Kは、いままでの応用だと思ってください。

[家の中心（太極）の見つけ方②]

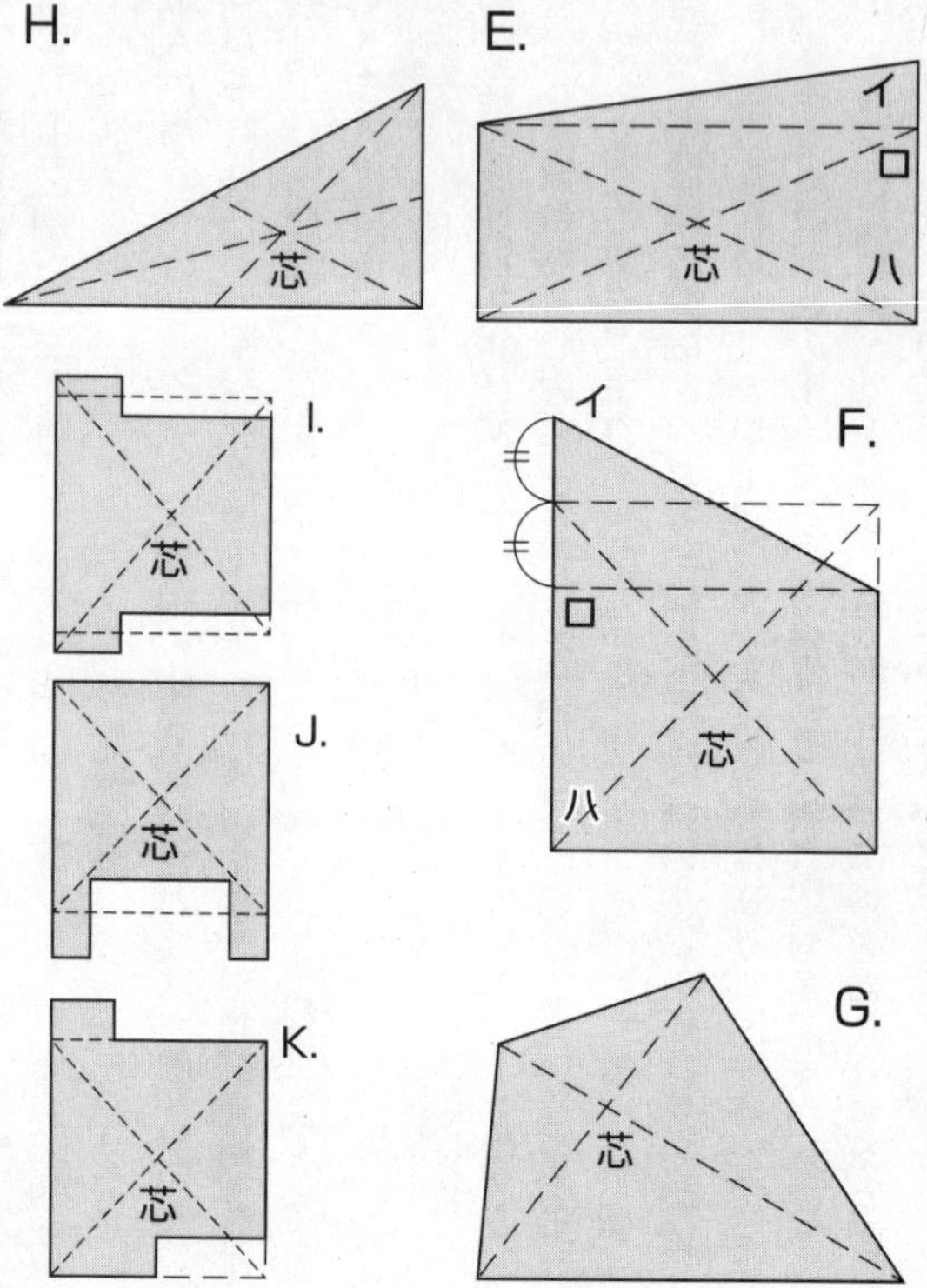

実際にこのように書きますと、非常に中心の取り方が難しいように思われますが、慣れれば難なく中心が取れるようになります。できることなら、家や部屋の詳細な設計図のうえで中心を取れば、まず間違いはないでしょう。

定位盤に記入するときは、ここに注意

建物の中心が定まりましたら、自分の定位盤に、67ページの記入例と同じように、家の全体の形を書き入れます。なるべく目立つように、赤エンピツか赤ボールペンを使用してください。

あなたの家や部屋の全体の形を書くときは、張り出している部分と欠け込んでいる部分が、たいへん重要なポイントとなりますので、わずかな凹凸でも克明に書き込むようにしてください。

次に定位盤と対照させながら、建物のどの方位に、いったい何が位置しているか(たとえば出入り口や窓、台所、トイレなど)、それぞれの方位に具体的に書き入れてください。

その場合、とくに注意してほしいのは、定位盤の方位の角度が、東西南北は30度の範囲で判断しますが、南東、南西、北西、北東はそれぞれ60度の範囲となってい

る点です。

きちんと書き入れたら、定位盤を参照してみて、それぞれの宮の意味合いで、現時点におけるあなた自身がいちばん悩みとしている問題点を探ってみるのもよいでしょう。

たとえば部下や使用人、子どものことで現在頭を悩ませているのであれば、あなたの家の定位盤の「北の宮」、即ち坎宮がどのような造作になり、何が位置しているのかを、よく調べる必要があります。

図例にあるようにできるだけくわしく、家であるなら、玄関、トイレ、風呂、キッチン、洗面所などの水回りが大切になります。

また、事務所やお店でしたら、出入り口、陳列棚、厨房《ちゅうぼう》、冷暖房、総務部や経理、営業部の配置、社長室、応接室など、それぞれ室内設備にいたるまで克明に記入してください。

記入したら、図の記入例の風水定位盤と自分の作成した定位盤とを、もう一度よく見くらべて確認しておいてください。これは具体的に判断していく時にも、たいへん重要で参考になります。

［自分の定位盤の記入例］

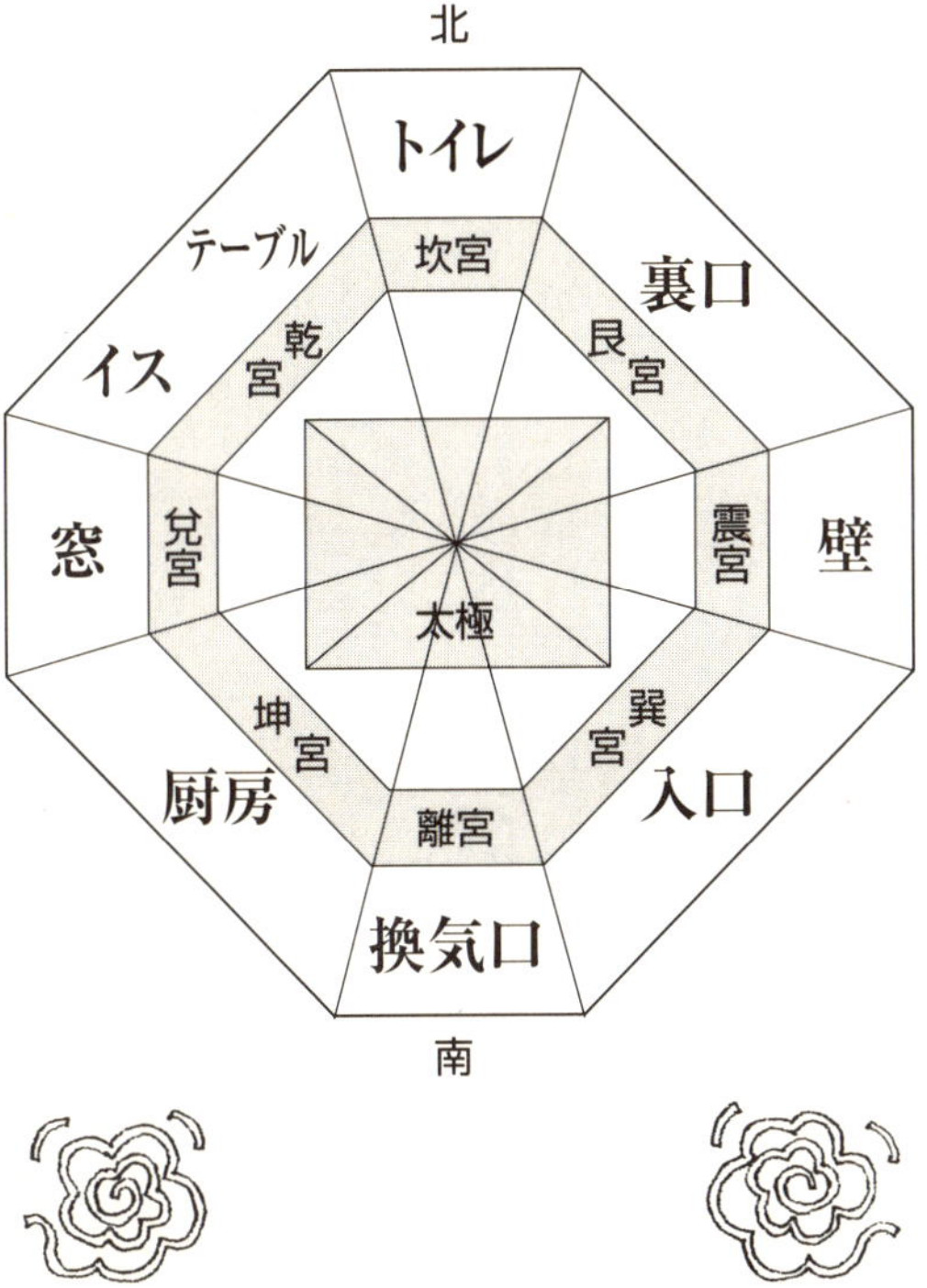

定位盤に凶相が出てしまったら…

風水学では、現在あなたの住んでいる家や部屋にある玄関、出入り口、水回り（トイレ・風呂・流し・洗面所）と家や部屋の輪郭の欠け込みの部分が、とくに衰運をあらわす弱点と見ます。これらの部分がどの方位にあるかによって、その家に住んでいる人の運勢に悪い影響をもたらすこともあるのです。

ただし玄関や出入り口が、張り出して南東や東にある場合は大吉になります。あるいは水回りも張り出して、東や南東にある場合は吉となります。それ以外の場合は、その方位の力が弱まり凶意となります。

凶相とは、たとえば南にトイレがある場合、目や心臓を患ったり精神的に躁うつ、ノイローゼ、あるいは警察、訴訟ごと、役所との文書上の問題で悩みごとなどが生じます。

西に玄関や出入り口があれば、出費、散財、貧乏に悩み、またトイレ、風呂、水回りがあれば歯や呼吸器官を患ったり、さらには家庭では年ごろの娘さんが夜遊びにふけり、素行が悪くなります。

このような風水上の家相の弱点をカバーするのに、具体的に何をするかというと、よい家相の家に移転するか、または増改築により、凶方位にある玄関や出入り口をふさぎ、そしてその方位にある水回りを移動します。
これらの方法は費用がかかりますので、すぐに決断して実行に移すことはたいへん困難です。
そこで風水学では、その方位の弱点を徹底的にカバーするために、風水龍の額をその弱点の方位に掛けたり、厄除方除霊符《れいふ》を貼ることにより、その方位の災いを避けて、大難は中難に、中難は小難に、そして小難は無難とするのです。

「本命星」から吉凶を判断する方法

風水学では、あなたの生年月日から割り出される本命星によって、全体の運が開ける部屋のベッドの位置や枕の向きが決まっています。

運が開ける部屋の位置（本命星別）　※73ページからの図参照。影をつけた部分は凶相。

一白水星《いっぱくすいせい》生まれの方→家の中心から見て東・南東・西・北西にあたる部屋
二黒土星《じこくどせい》生まれの方→家の中心から見て南・西・北西・中心にあたる部屋
三碧木星《さんぺきもくせい》生まれの方→家の中心から見て北・南東・南にあたる部屋
四緑木星《しろくもくせい》生まれの方→家の中心から見て南・北・東にあたる部屋

五黄土星《ごおうどせい》生まれの方→家の中心から見て南・南西・西・北西・中心にあたる部屋
六白金星《ろっぱくきんせい》生まれの方→家の中心から見て北・南西・西・中心にあたる部屋
七赤金星《しちせききんせい》生まれの方→家の中心から見て北・南西・北西・中心にあたる部屋
八白土星《はっぱくどせい》生まれの方→家の中心から見て北西・南・南西・西・中心にあたる部屋
九紫火星《きゅうしかせい》生まれの方→家の中心から見て南東・南西・東・中心にあたる部屋

それぞれの本命星の方角にあたる部屋は小吉になり、それぞれ次のとおりです。

一白水星生まれの方（北が小吉）・二黒土星（南西）・三碧木星（東）・四緑木星（南東）・六白金星（北西）・七赤金星（西）・八白土星（北東）・九紫火星（南）

五黄土星のみ、本命星にあたる家や部屋の中心が大吉になります。

運が開けるベッドの位置（本命星別）

あなたがいつも眠る布団やベッドの位置は、あなたの運命を大きく左右します。部屋の中心から見てよい方位で眠ると、運が開けます。ただし、北東（鬼門）と南西（裏鬼門）は避けてください。

一白水星生まれの方→部屋の中心から見て東・南東・西・北西の位置
二黒土星生まれの方→部屋の中心から見て南・西・北西・中心の位置

三碧木星生まれの方→部屋の中心から見て北・南東・南の位置
四緑木星生まれの方→部屋の中心から見て南・北・東の位置
五黄土星生まれの方→部屋の中心から見て南・南西・西・北西・中心の位置
六白金星生まれの方→部屋の中心から見て北・西・南西・中心の位置
七赤金星生まれの方→部屋の中心から見て北・北西・南西・中心の位置
八白土星生まれの方→部屋の中心から見て北西・南・西・中心の位置
九紫火星生まれの方→部屋の中心から見て南東・南西・東・中心の位置

運が開ける頭の向きと枕の位置（本命星別）

一白水星生まれの方→部屋の中心から見て東・南東・西・北西の方向
二黒土星生まれの方→部屋の中心から見て南・西・北西の方向と中心
三碧木星生まれの方→部屋の中心から見て北・南東・南の方向
四緑木星生まれの方→部屋の中心から見て南・北・東の方向
五黄土星生まれの方→部屋の中心から見て南・南西・西・北西の方向と中心
六白金星生まれの方→部屋の中心から見て北・西・南西の方向と中心
七赤金星生まれの方→部屋の中心から見て北・北西・南西の方向と中心

八白土星生まれの方↓部屋の中心から見て北西・南・西の方向と中心
九紫火星生まれの方↓部屋の中心から見て南東・南西・東の方向と中心

73ページ以降から、本命星ごとに、部屋とベッド、枕の吉方位をまとめてイラストにしてありますので活用してみてください。

本命星の衰相を避けるには…

定位盤に、家や部屋の輪郭や物を書きこんだとき、あなたの生年月日から割り出される本命星の、本来位置する方位（20ページの定位盤を参照）に、玄関や出入り口、水回り、欠け込みなどがあると、病難、厄難、貧病争などさまざまな不運に襲われ、生命に危険を及ぼしかねないので、その方位には必ず風水龍や方除けの札を貼って、その欠点をカバーしましょう。

それぞれの本命星がカバーしなければならない方角は次のとおりです。

一白水星生まれの方（北に方除けの札を貼る）・二黒土星（南西）・三碧木星（東）・四緑木星（南東）・五黄土星（家や部屋の中心）・六白金星（北西）・七赤金星（西）・八白土星（北東）・九紫火星（南）

4

「一白水星」の人の
運が開ける部屋の方位（上図）と
ベッド・枕の位置（左図）。

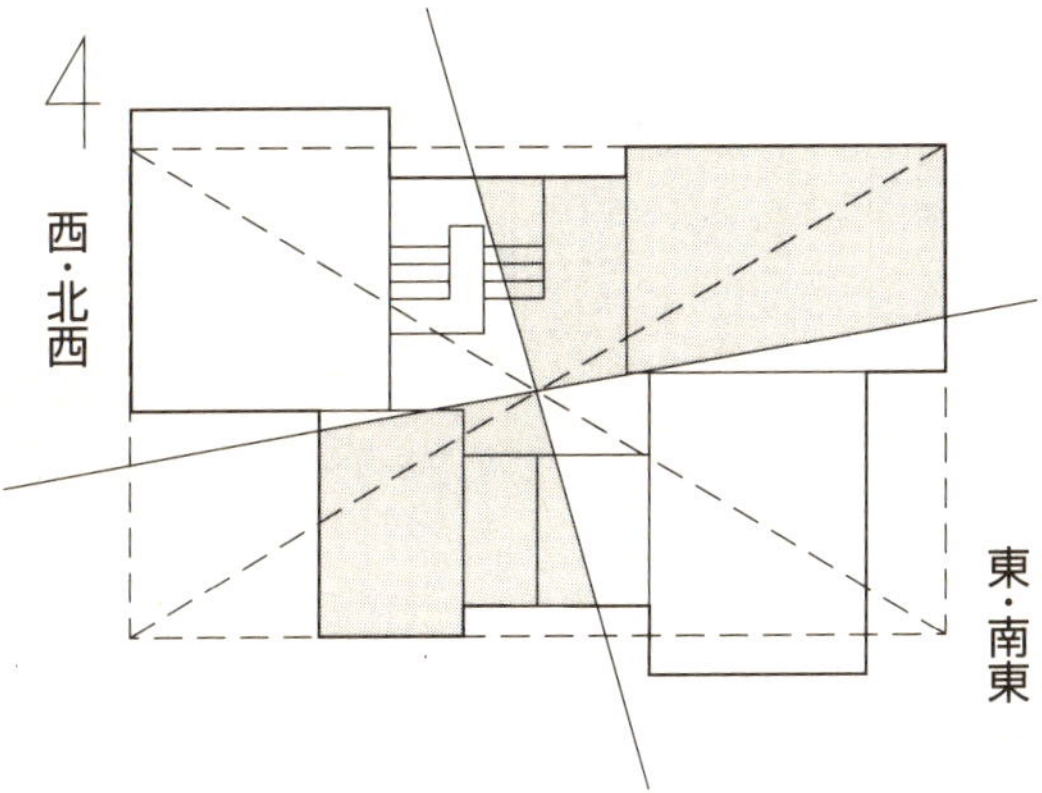

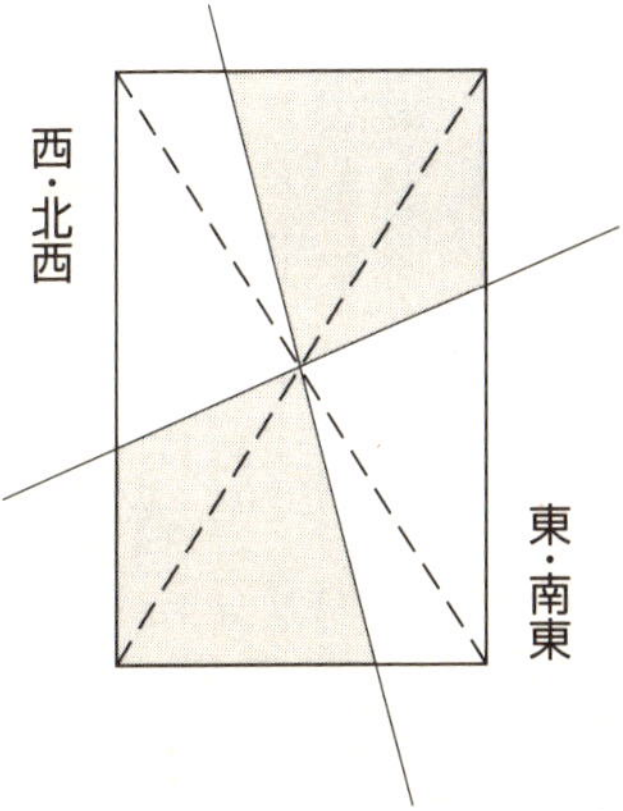

4

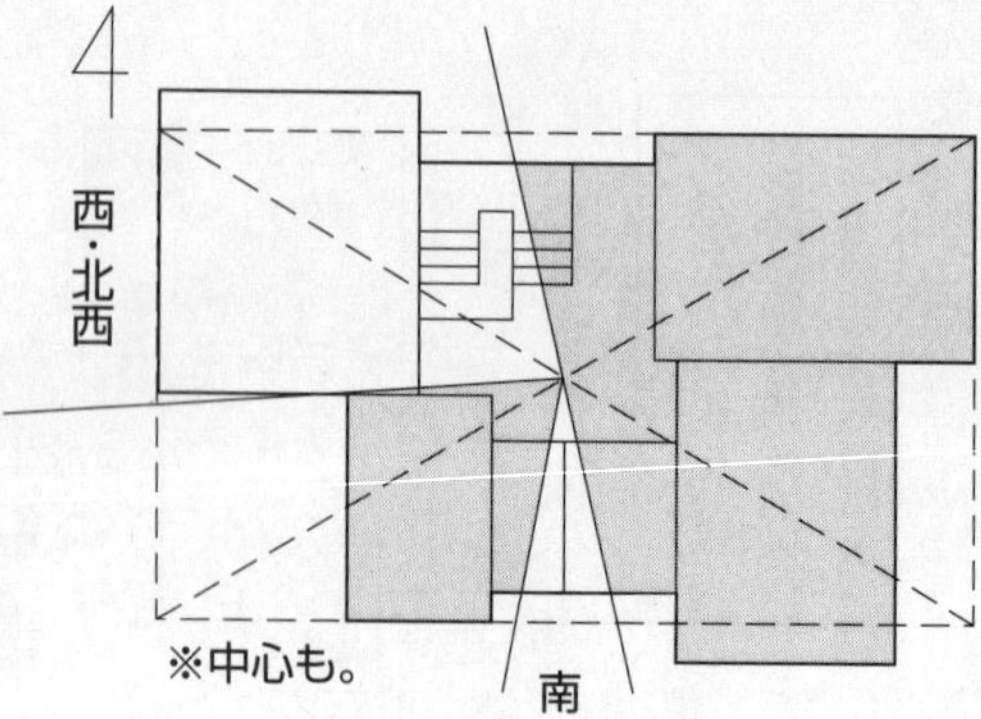

【二黒土星】の人の
運が開ける部屋の方位（上図）と
ベッド・枕の位置（左図）。

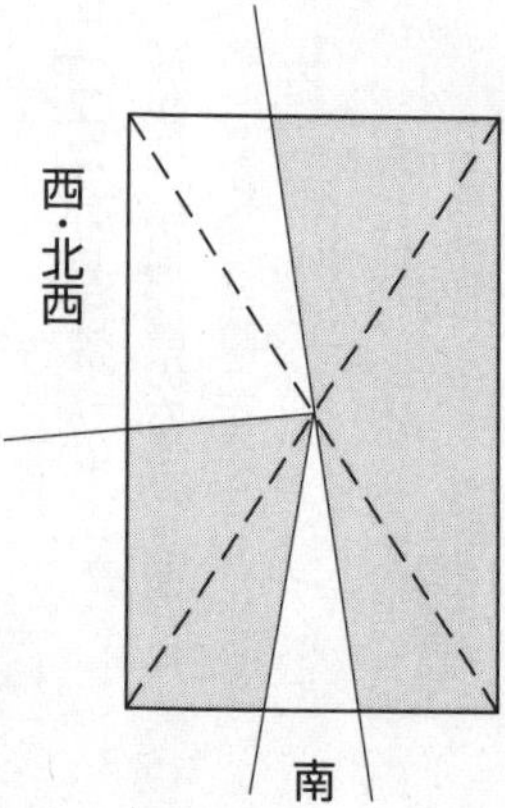

4

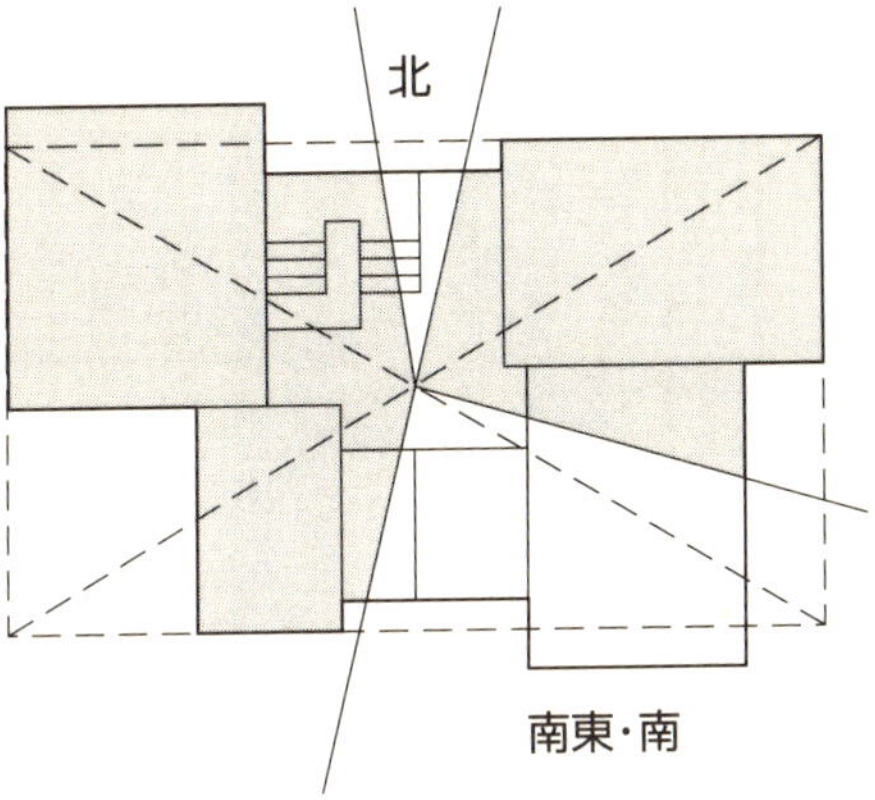

【三碧木星】の人の
運が開ける部屋の方位（上図）と
ベッド・枕の位置（左図）。

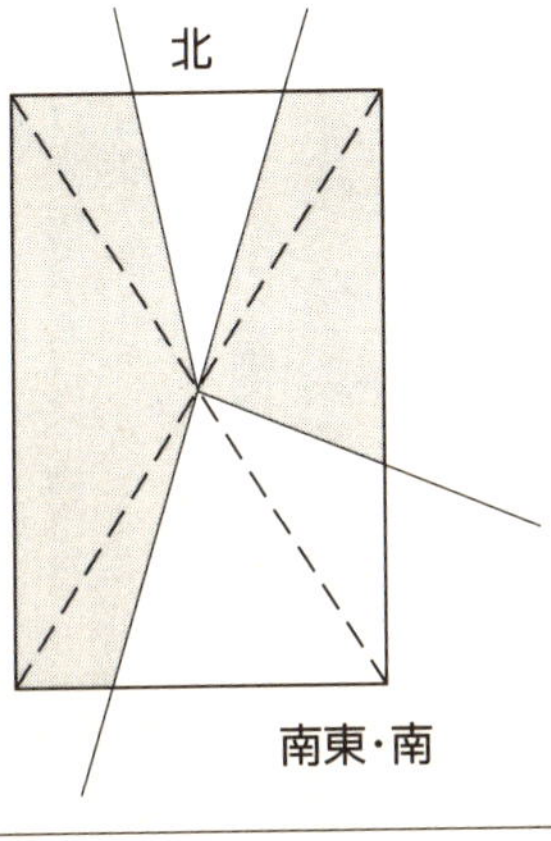

4

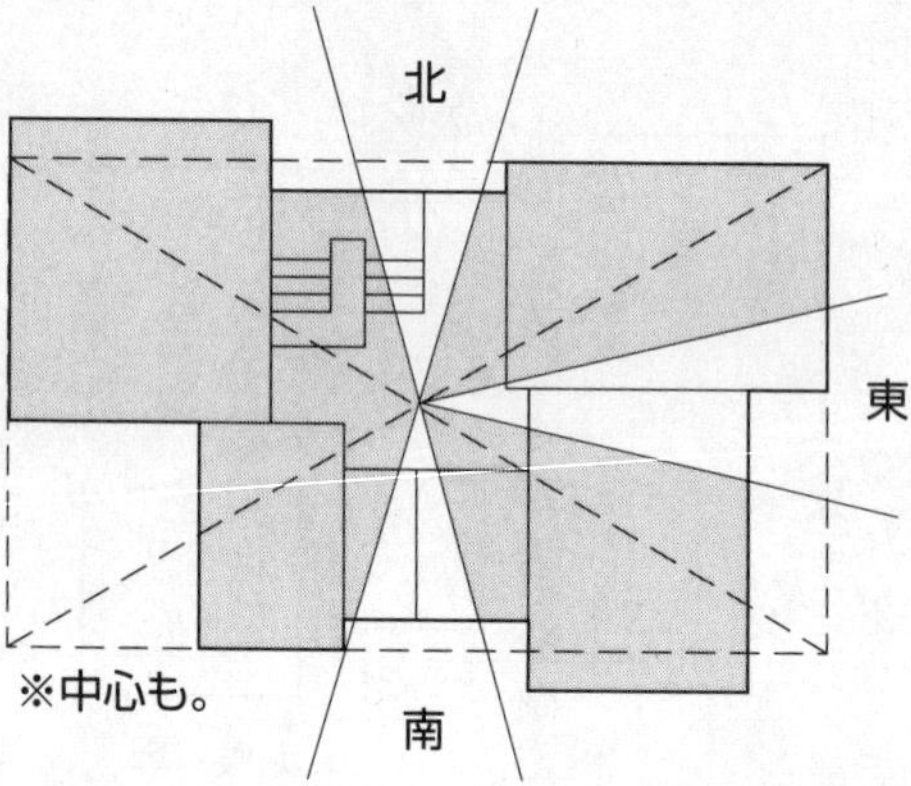

【四緑木星】の人の運が開ける部屋の方位（上図）とベッド・枕の位置（左図）。

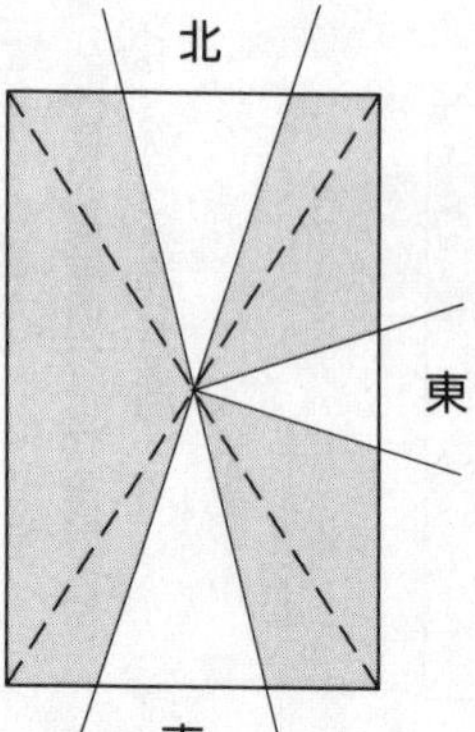

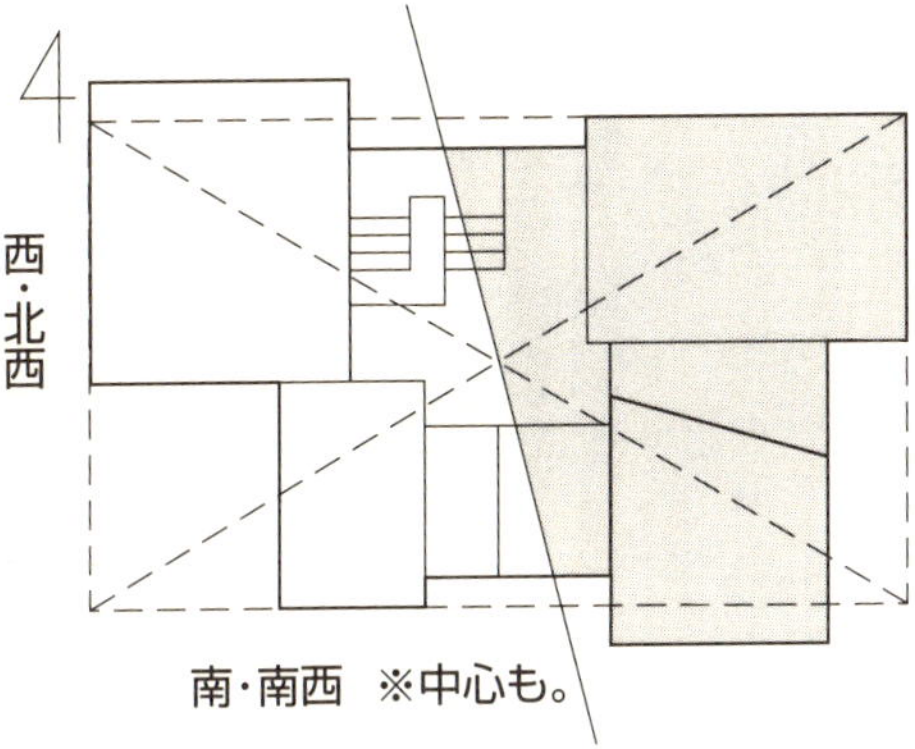

【五黄土星】の人の
運が開ける部屋の方位（上図）と
ベッド・枕の位置（左図）。
（枕の位置は南・西・北西のみ）

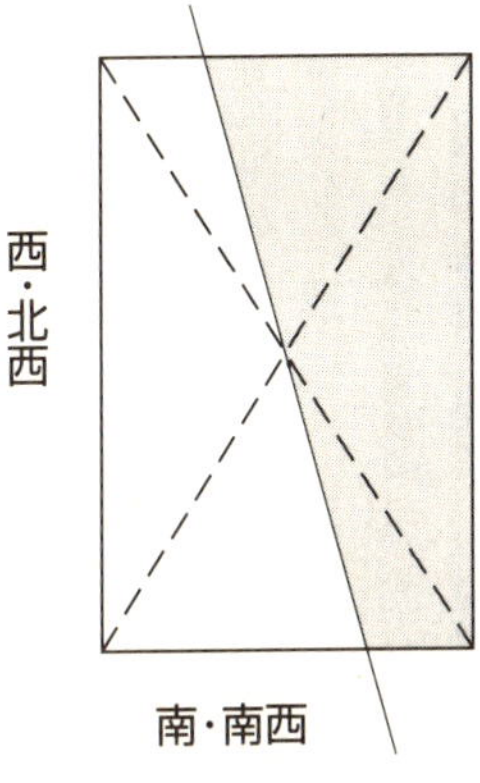

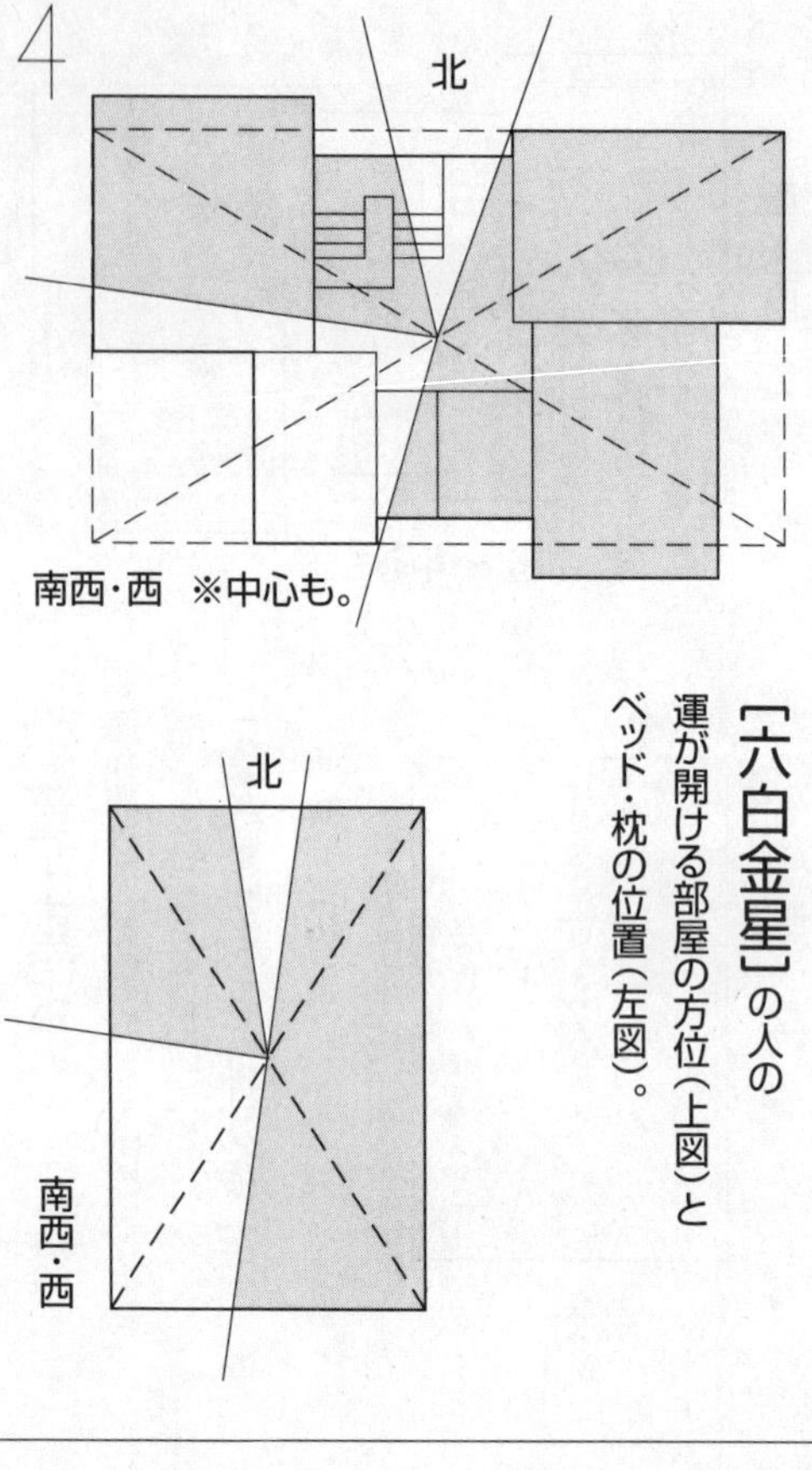

［六白金星］の人の
運が開ける部屋の方位（上図）と
ベッド・枕の位置（左図）。

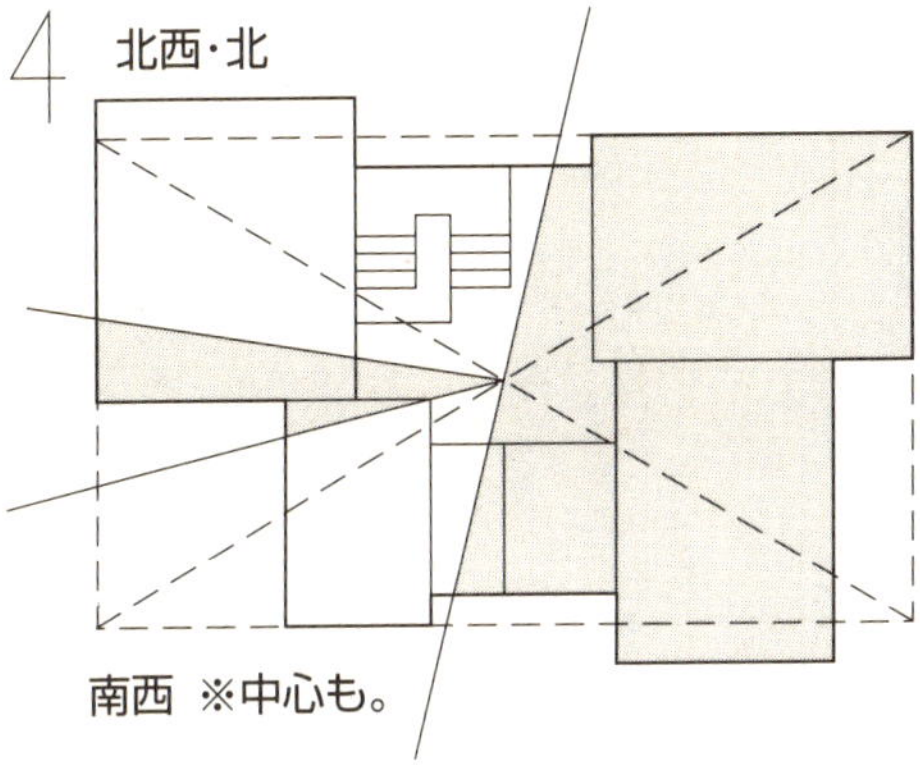

〔七赤金星〕の人の
運が開ける部屋の方位（上図）と
ベッド・枕の位置（左図）。

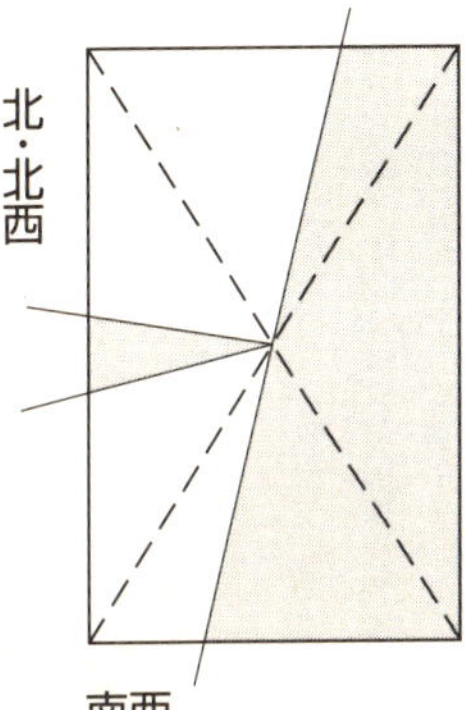

【八白土星】の人の
運が開ける部屋の方位（上図）と
ベッド・枕の位置（左図）。

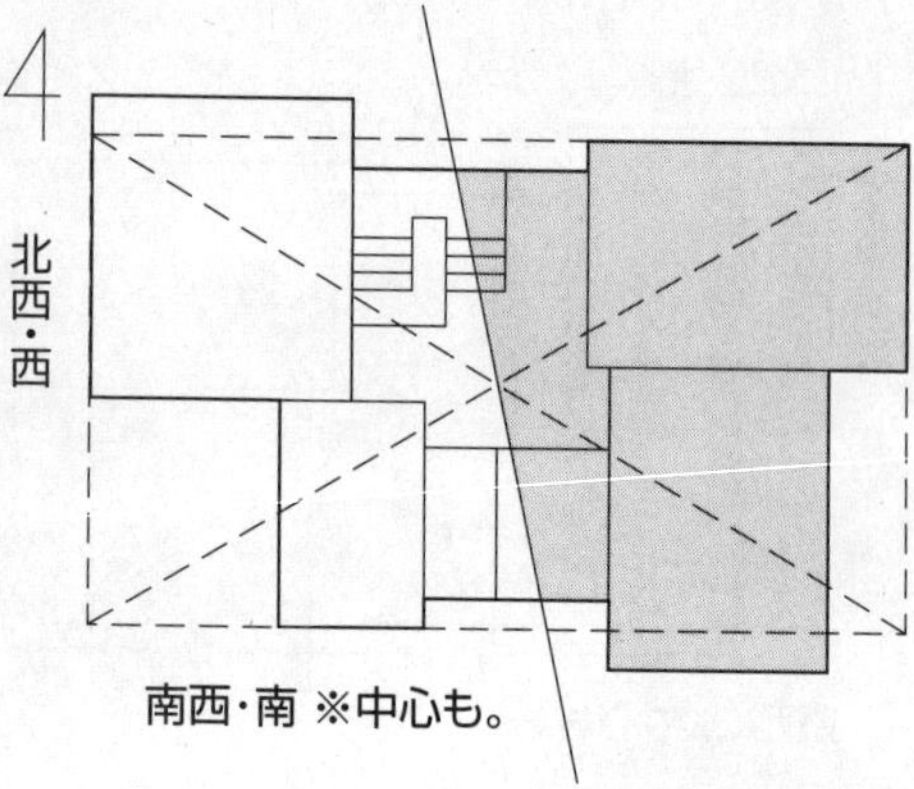

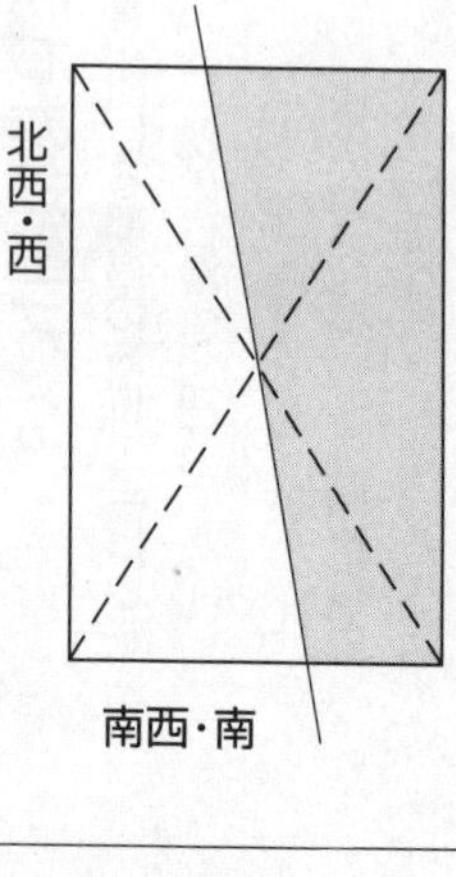

4

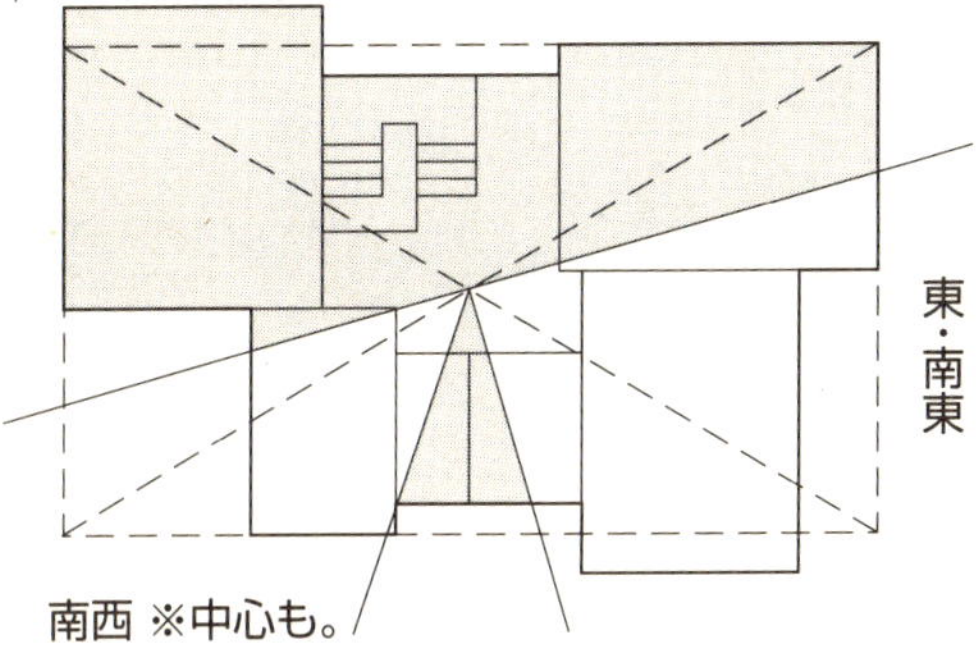

「九紫火星」の人の
運が開ける部屋の方位（上図）と
ベッド・枕の位置（左図）。

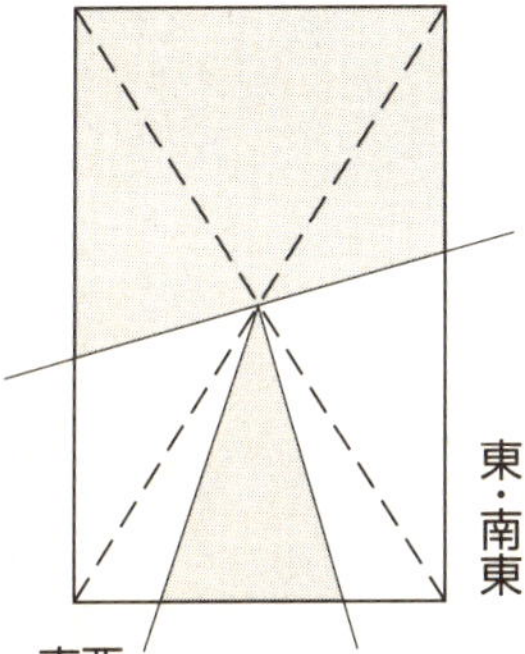

「風水二十四方位の盤」で、よりくわしく吉凶を見る

建物や住居のなかには生活するために必要なさまざまな設備や家財、インテリアなどがあります。その向きや位置によって、その家あるいは会社の盛衰は大きく左右されるのです。そして、そのふさわしい位置というのはそれぞれ異なります。

まず、もっとも基本となる建物の形ですが、正方形よりもむしろ長方形がよく、東西に長いのが理想です。三角形や角のとがった鋭い形の建物はよくありません。建物の張り出した部分は、その方位にある九星のもつよい意味を強めます。逆に欠け込んでいると悪い意味を強めてしまいます。定位盤の方角の区分けは八つですが、より本格的に見るときは風水二十四方位の盤を使うといいでしょう。

二十四方位の盤に記入するときの注意点

まず、現在自分の住んでいる家の図を描いて、長さをはかり、中央を定めて、風水盤に合わせ図のように線を引いてください。入り口はどの方角にあるのか、流しや台所、トイレ、浴室はどの方位にあるか、倉庫、ガレージ、物置、池の位置、およびその家の範囲、道路、川の流れなどを知って、84ページからの表を参考に吉凶をくわしく調べてみてください。

[風水二十四方位の盤]

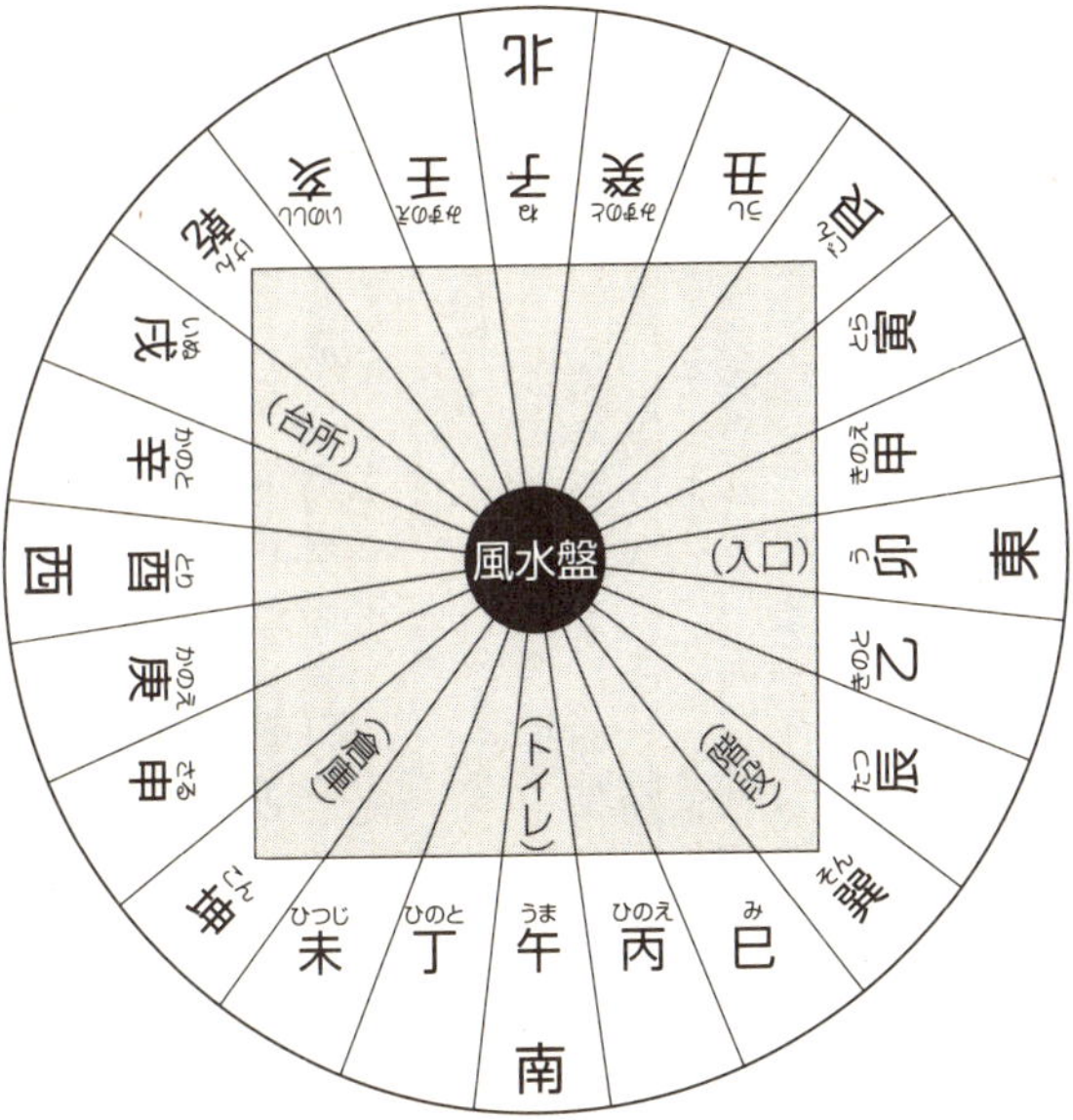

※八方位に分かれた定位盤をさらに細かく分けた盤。
360 度を24方位で均等に分割している。

北			北東		
一白			八白（表鬼門）		
玄武			生門		
壬《みずのえ》	子《ね》	癸《みずのと》	丑《うし》	艮《ごん》	寅《とら》
台所、トイレ、井戸は吉。また浴室その他不浄物も差しつかえなし。納戸、倉庫、建物の張り出しは吉。	この方角に流しその他不浄物あれば、一家の主人が胃腸を患うか、逆上する。正中線の台所、浴室、トイレ、不浄物など大凶。欠け込みは凶。ほどよい張り出しは家運隆盛となる。杏《あんず》の木大吉。	台所、浴室、トイレなど差しつかえなし。物置、押入れなど吉。その他食糧などの貯蔵も吉。	神棚、仏壇凶。ガスレンジなどあれば、家庭内に紛糾絶えず。不浄物あれば、肺病、胃癌など患う。出入り口、水たまり、台所、浴室など一切大凶。	神仏を祀ると、障害者などを出す。門、玄関、階段、井戸、台所、浴室、トイレ一切大凶。建物張り出しは、病人が絶えない。欠け込み凶。溜まり水、不浄物大凶。倉庫、納戸吉。柊《ひいらぎ》、桃《もも》、槐《えんじゅ》、楡《にれ》は大吉。あまり大木は凶。橙《だいだい》色の花凶。	この方位にトイレあれば、一家の主人が中風か手足の引きつる病気を患う。また、家督相続者に災難あり。神棚、仏壇凶。井戸、土腐、水溜、台所、浴室、不浄物凶。倉庫、納戸あれば不動産に吉。別棟あれば養子相続の相。

東			南東		
三碧			四緑		
青龍			杜門		
甲《きのえ》	卯《う》	乙《きのと》	辰《たつ》	巽《そん》	巳《み》
建物が少し張り出していれば、賢い子が生まれ家運が栄える。庭があって花や木があれば、主人が派手好み。台所、浴室、トイレ、井戸など可。門、玄関、窓など明るくて吉。	正中線の不浄物凶。本宅より高い建物あれば、他人のために意外な損害を招く。梅、桃、桜の木吉。白、黄色の花凶。明るく開放するのが吉。	池、火気があれば大吉。門、玄関、窓あって、明るければなお吉。台所、浴室、トイレ吉。本宅より高い建物凶。建物の欠け込みも凶。	神棚、仏壇吉。門、玄関、大吉。倉庫、車庫吉。別棟は本宅より低ければ吉。台所、流しあれば家庭内に紛糾が絶えない。	神棚、仏壇、門吉。浴室あれば、流産するか、生まれた子が育たない。トイレ、その他不浄物は下半身の病気を患う。大きい張り出しは貧を招く。なつめ、梅、あじさいは吉。白、黄色の花凶。	トイレ、池、台所など差しつかえなし。玄関、門、井戸吉。庭に花や木あれば大吉。低い倉庫吉。商品倉庫に向く。本宅より高い倉庫は長女に災難あり。

南			南西		
九紫			二黒（表鬼門）		
朱雀			死門		
丙《ひのえ》	午《うま》	丁《ひのと》	未《ひつじ》	坤《こん》	申《さる》
玄関、門、吉。店構え、工場吉。池、泉水、井戸、不浄物大凶。目、耳の病気、婦人病を患う。庭園吉。ただし樹木が本宅より高いのは凶。	池、井戸、台所、トイレ、不浄物一切大凶。建物欠け込み凶。松、桐、梅吉。丈の低い樹木も吉。一本の大木吉。白色の花凶。凶相あれば眼病、障害者が出る。	門、低い倉庫吉。井戸、池、浴室、トイレ、不浄物あれば病人出る。この方角に流れる川や泉があれば、一家の主人が酒のために身を滅ぼすか、または官公庁にかかわる災難があって、名誉を傷つける。納屋、倉庫など本宅より離れていれば吉。	神棚、仏壇凶。玄関、階段凶。池、井戸、台所、浴室、トイレは大凶。不浄物あれば主婦の病難。張り出し建物あれば主婦の権力強し。	神棚、仏壇、玄関、階段、井戸、池、浴室、不浄物一切大凶。流し、トイレなどあれば主人が胃腸を患い、主婦が下半身の病気を患う。また老母に障りが出る。建物張り出しは女主人の家。大きな張り出し、欠け込み凶。木犀《もくせい》、牡丹《ぼたん》、楡《にれ》、槐《えんじゅ》吉。あまり大木は凶。	神棚、仏壇、玄関、階段、台所、トイレ、浴室、不浄物一切大凶。倉庫、納屋あれば不動産運に吉。欠け込みがあるのは、家庭内に病気は出ないが養子相続の相。また妻が再婚のことが多い。

北西			西		
六白			七赤		
開門			白虎		
亥《いのしし》	乾《けん》	戌《いぬ》	辛《かのと》	酉《とり》	庚《かのえ》
神棚、仏壇吉。池、井戸、トイレ、浴室などは差しつかえなし。倉庫、物置などがあれば家運が次第に繁栄する。不浄物の流れ大凶。	神棚、仏壇大吉。床の間大吉。玄関、階段凶。不浄物大凶。倉庫、納屋、物置など本宅より高いのを最も吉とする。高い張り出し富貴の相。欠け込み凶。樫、杉、大木凶。赤色の花凶。	玄関、井戸、台所、浴室、トイレ、不浄物凶。一家の主人が病気がちで、頭の病気を患ったり人と争って怪我をする。清潔にして主人の寝室吉。	池、井戸、玄関門吉。台所、浴室、トイレ可。神仏祭ってよし。欠け込みがあるのは、一家の主人が派手好きで支出が多く、財産を無くす。著しく欠け込んでいると、妻が浮気をする。	玄関、門凶。不浄物があれば、家の娘が男性と駆け落ちしたり、愛人になったり、色情のために身を滅ぼす。正中線のトイレ凶。窓、入り口凶。竹、楡《にれ》、松、柏吉。大木は凶。飲食店は張り出すと吉。	神棚、仏壇は東向きになるので最も吉。井戸、池、台所、浴室、トイレ可。窓、玄関、門、入り口凶。

以上の表により、あなたの現在の状態や問題点がわかるはずです。凶の位置にあるものはできるだけ避けるようにし、その方位を盛相にしたいのであれば、吉となるものを置くとよいでしょう。

中央の定め方と、二十四山《にじゅうしざん》の方位の配当を誤りますと、この吉凶の判断に大きな相違が出ます。それはかなり微妙な差異で、幸と不幸、福と禍、盛と衰の差を生じるので、必ず風水盤を見て正確に判断してください。

第4章

風水がズバリ教える「龍」「環境」「水」の法則とは

〝気〟のエネルギーを読み解く秘術がわかる

［龍形の法則］

開運のパワーは「龍形」に宿る

定位盤を使った陽宅（家相）風水での開運法を具体的に見ていく前に、この章では、「風水」の基盤ともいえる「地理風水」の大法則について触れておきたいと思います。土地や環境がもっている「気」のエネルギーのよしあしは、その土地に住む人々の運命に大きくかかわってくるからです。

風水では古来、龍の形を尊びます。「龍」は風を起こし雨を降らす中国の伝説上の動物ですが、宇宙エネルギーを具象化したものとして信じられているのです。

幸い日本列島は龍形を成していますので、天に輝く龍形の星座の代表である北斗《ほくと》七星《しちせい》の化現《けげん》として、歴史的に将来、国際社会を指導していく運命にあります。

このように土地や建物、部屋のなかのさまざまなアイテムに、起伏や曲がりくねったエネルギーが流れています。この流れのなかに、風水では生命の躍動感を見るのです。

風水では、居住環境にちょっとした工夫と変化をつけることにより、気のエネルギーを龍形に変えて開運をはかります。それは曲がりくねった弓のような形をすべてよしとします。

たとえば、門から玄関にいたる道をS字形にやや蛇行して造ったり、部屋のなかにインテリアを直線的に並べずに、曲線的に並べたりして生活にいやしの空間を演出し、開運のエネルギーを呼びこむのです。

エネルギーは〝うねり〟の内側にあり

起伏や曲がりくねりのない地勢（一般的には平地）のところに住みますと、社会において運勢が停滞して高い身分の人となれません。

また、道路の曲がりの外側に家があると、財運が非常に悪く、いつも金銭的に損ばかりして、最後には貧乏になります。

起伏の激しい土地で道路や水路（川・上下水道）が曲がりくねった、エネルギーの満ちた土地では、うねりの内側のエネルギーがより高いとされています。道路や水路のうねりの内側はつねに発展力が強く、外側は弱くなります。というのは、人間の習性として、外側よりも内側を歩く確率が高いからです。これは内側に人のエネルギーが満ちることで、繁栄につながることになるからです。

しかし、いつもこのような起伏や曲がりくねりがある土地で、しかもその内側に位置することは難しいものです。そういう時は難を逃れる方法があります。

たとえば、このような土地に家を建てるときは、屋根を高くすればよいのです。もともと高い家は、おのずから格調と品位をもっておりますから、たとえ起伏や曲がりくねりのない土地に家を建てても、身分が低くなることはありません。屋根が高い家は風格があって、鶴《つる》が雉《きじ》のなかに立っているようなもので、まわりのいやしさに同調しないからです。

また、財運の悪い道路の外側に家を建てるときは、土台を高くすればよいのです。もともと高い土台はおのずから福運の気をもっておりますから、たとえ貧しい気の土地に家を建てても、貧乏になることがありません。土台が高い家は、道路の影響を受けないので、道路の曲がりの外側にあっても、その作用を受けません。

東京にも「龍形の法則」は当てはまる

また龍というのは、土地の勾配《こうばい》（とくにうねりや曲がり）と上下の起伏のことを意味しています。次の図は土地の起伏を平面的にとらえたものです。

たとえば、A図のように起伏のまったくない土地は、「賤相《せんそう》」といい、よい気が得られません。しかし、この凡庸《ぼんよう》さを逆に利用しますと、庶民相手の大衆的な地とし

[龍の3分類]

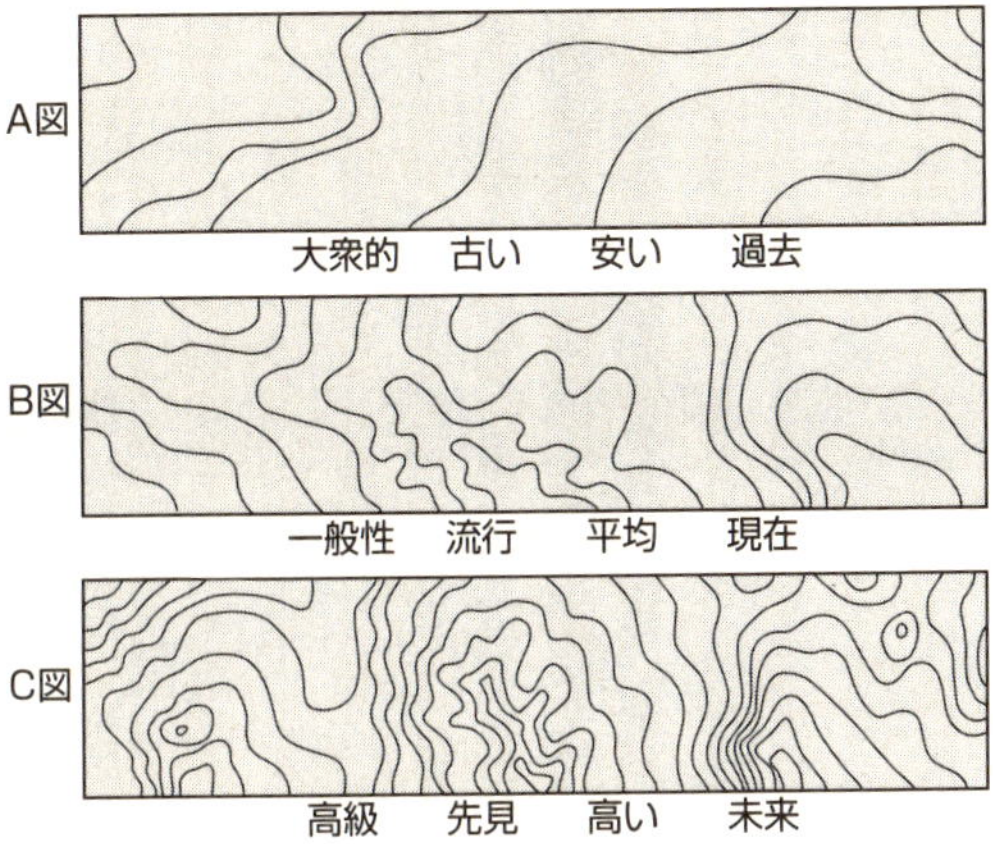

て成功します。

東京都内の地理でいえば、神田《かんだ》や浅草《あさくさ》がこれにあたります。

反対に、C図のように土地にうねりや曲がりくねりが多く、起伏の激しい土地の場合は「貴相《きそう》」といい、盛気が多く開運のエネルギーに満ちています。高級品の商いに適合性が強く、つねに流行を先取りするような街として繁栄します。

都内を例にとれば、港《みなと》区の赤坂《あかさか》や六本木《ろっぽんぎ》、麻布《あざぶ》の地相がまさしくこれにあたります。

またB図のように、その土地の起伏が中間的な場合は、標準的な気があって、健康面などによい影響があります。大衆性と高級性の二面性をもち、とくに現代人がそのときいちばん志向する業種が成功します。

都内でいうと新宿《しんじゅく》、池袋《いけぶくろ》、渋谷《しぶや》、銀座《ぎんざ》などがこれに属しますが、起伏のやや少ない新宿や池袋は大衆性に適合する地相であり、起伏のやや激しい渋谷や銀座は高級品の商いにマッチした地相といえます。

ただし、さらに細かく調べますと、A図の地相にも部分的にB図の地相が、あるいはC図のなかにA・B図の地相が見られるように、一つの龍のなかにも、他の龍にあてはまるところが随所に見受けられます。

また同じ土地でも、たとえば新宿のように、西口側と東口側ではまったく起伏の度合いが違うところもあります。起伏の激しい西口側には高層ビルが立ち並び、未来志向の強い高級化が進んでいますが、起伏のほとんどない東口側は、大衆性が完全に定着しています。

これらはすべて、業種と地相の適合性により決定されるもので、いうなれば、大自然の摂理であり、人為的に操作できるものではないのです。そこで建物を建てる場合、おおざっぱにすませるのではなく、できるだけ正確に、その土地の龍を知ることが必要になります。

加えて、重要なポイントを述べますと、A図の場合は「古い」という相がありますので、古い事物を扱うことが吉となります。事業でいいますと、書画、骨董《こっとう》、古本、古道具、漢方などです。

C図の場合は「高級」という相がうかがえます。たとえば、宝石などの貴金属類、乗用車でしたら国産車よりは外車、舶来用品専門のブティック、高級料亭や高級レストランなどがふさわしいのです。

B図の地相は、現代人の誰もが求めている事物を扱い、それには一般性がなくてはいけません。とくに現代の流行、風潮に左右されやすい地相です。だからといって、C図のように未来を先取りするような力はまったくありません。ですから、B図の場合は、つねに不特定多数の消費者に訴える方向が必要です。

「龍神」のパワーで邪気は防げる

風水学は、仏教や道教《どうきょう》の奥義を集大成したものという考え方もできます。その経典のなかにも、龍神についての記述がいくつか見られます。

龍は風を起こし、水を呼び、風を呼び、雨を降らす生き物ですが、こうした龍の行動は風水そのものといえます。

龍は中国では伝説上の生き物といわれている一面もあるのですが、目には見えない、鳴き声も聞こえない、実体にさわれないけれど実在していると信じられている部分もあるのです。つまり、宇宙エネルギーを具象化したものが「龍神」というわけなのです。

たとえば神社、寺、道教の祠《ほこら》。中国のこうした場所には、必ず龍がついていると考えられています。

風水学では、この龍神の絵・彫刻・掛け軸などを掛け、あるいは飾ることで、その方位から押し寄せてくる邪気や凶なる気配を防ごうというわけです。龍は置物としても絶対的な力を有しているのです。しかしそうした龍も、風水師が祈禱《きとう》をしてパワーを注入したものでなければ、邪気を防ぐ効果はありません。祈禱で入魂して開眼したものを使わなければ、ただの置物にしかすぎないともいえます。

掛ける場所は家、あるいは部屋の中心から見て、弱い部分(方位)、力が足りないと思える方位となります。これによって宇宙のエネルギーの、摩訶不思議《まかふしぎ》なパワーがその弱い部分をカバーしてくれるのです。

たとえば、ふだんからカゼをひきやすいタイプの人は、龍神の掛け軸なり、置物を北に飾ります。真北というのは、健康とセックスに関係する方位、あるいは陰の援助も期待できるわけです。

北に龍神を置くことで、カゼを克服することもできるし、それ以外にも、北にかかわりのある弱点、たとえば子供を欲しかった人が子供を授かるといったようなことも、カバーすることになります。

しかし、自分は健康に自信があるという人が、北に龍神を置いても何の効果もありません。もっとも、健康ではなく女性運を強めたいというのであれば、また別の話ですが。

あるいは、自分では知性や名誉運を高めたいと思うのだったら、定位盤の九紫《きゅうし》火星《かせい》（南）の方位に龍神を飾ればよいし、三碧木星《さんぺきもくせい》（東）の方位に飾れば、マスコミで成功するという可能性が出てきます。

また、東や南がとても運気が強い家や部屋にいる人は、それ以外のところが弱くなっています。そのため、バランスのとれた全体的な運勢を形成するた

めにも、こうした龍の掛け軸などが必要になってきます。

　この龍神以外にも、中国ではお札を貼ったり、龍神の面を飾ったり、凸面鏡、凹面鏡を飾ったりもします。

　お札などによるお守りは、龍神同様、バランスをとるために八方位すべてに貼る必要があります。鏡のパワーを認めることは、やぶさかではないのですが、鏡よりは龍神のパワーのほうを信じたいという気もします。

　ところで、この龍神はよく〝八大龍王〟といわれています。この八大龍王を一個の個体と思って礼拝している人もいますが、じつは〝八大〟という名のとおり、八神の龍王がいるのです。

　その八神とは、難陀《なんだ》龍王、跋難陀《ばつなんだ》龍王、娑迦羅《しゃから》龍王、和脩吉《わしゅきつ》龍王、徳釈迦《とくしゃか》龍王、阿那婆達多《あなばだった》龍王、摩那斯《まなし》龍王、優鉢羅《うはつら》龍王です。

　筆頭は二説あって、徳釈迦龍王と難陀龍王といわれています。これは「法華経」に書かれていることですが、これら八大龍王の役割については、あまりくわしいことはわかっていません。ただ、事に臨んで神秘的な力を発揮することは確かなようです。

　また、この八大龍王は口に〝お守り〟をくわえています。そのお守りは「秘妙五《ひみょうご》段守《だんまもり》」と呼ばれるもので、龍神の邪気を防ぐ力を、さらにパワーアップしてくれるものなのです。

龍神の掛け軸については、カラーのものでも、単彩のものでも、パワーには強弱はありません。龍神の置物や掛け軸はじわじわと効いてくるのではなく、かなりの即効性が期待できます。いろいろな状況がせっぱつまってしまった時に、この龍神のパワーに頼るという方法も、考えてみてはいかがでしょうか。

風水的エネルギーが宿る〝よい土地〟とは

［山河草木の美しい神社仏閣］

神社仏閣、とりわけ地方の静かなところへ行くと、安定した気分になることが多いものです。それは、神社仏閣が風水的にすばらしい長所を備えていることが多く、そこに神社仏閣そのもののもつパワーがプラスされて、より恵まれた土地へと成長しているからといってよいでしょう。

神・仏には人を健康にし、心を清め運命をよくする力が本質的に備わっています。けれども、正月に参詣《さんけい》客であふれかえるような都会の神社仏閣は、そうしたパワーが希薄なことが多いのです。むしろ、地方のややひなびた山川草木の美しい土地にある神社仏閣にそんなパワーがあります。行雲流水《こううんりゅうすい》の美しい土地こそ、人を健康にしてくれるのです。

中国の山水画を見るとわかりますが、描かれているのは、必ずそうした行雲流水の土地です。上海《シャンハイ》などの空港売店で売られているおみやげまでそうなっています。しかも、これが風水的によい土地としての条件を満たしていることが多いのです。空港の売店の商品まで風水にのっとっている。まさに中国は風水そのものといってもいいでしょう。

こうして、中国の人々は、ごく自然に風水エネルギーを自らのうちに取り込んでいるわけです。日本の大都市にある神社仏閣には、残念ながらこうしたパワーが壊れているところが多いようです。

人間の心を清め、身体を健康にし、運命を開いてくれる神社仏閣。そうしたところに参詣して、宇宙の気のパワーをたっぷりと身につけるとよいでしょう。

ところでこうした宇宙の「気」は前章でも述べたように、「木・火・土・金・水」の五つに大別されます。

木星の気とは、大気や草木から取り入れる気体の根源的エネルギー。火星の気とは、太陽や星・火から取り入れる気。土星の気とは、山や谷地からの気。金星の気とは、金属から取り込む固体の気。水星の気とは、流水のような流動性のあるものから取り入れる液体の気のことです。この良気を服して（祐気取り《ゆうきとり》）、生命力を増やして開運する。「気学風水」の原点はここにあります。

［龍の怒り（裂風）を避けることができる土地］

風水。文字通り『風』と『水』というわけです、この風はモーレツな裂風を意味していいます。強い風というのは、いわば天の怒り。それは、神々の人間に対する警告であると考えられてきました。

もう一つ、この強い風は、天上で神々が争いを生じた時に起きるものといわれています。天の怒り、神の怒り。そうした時に生じる裂風を避けることのできる土地が、古来、よい土地だというわけです。つまり、風水でいうよい条件が整っている土地なのです。

また水は、万物は水から生じたというのが風水の考え方で、水清きところに、心身ともに強い人間が住むといわれていました。

水に生まれ水に帰ってゆく、それだけに、水も風水学の重要なポイントになるわけです。水が濁っているところは、心が濁っている人にとっては住みやすいが、水が澄んでいるところは、心が濁っている人には居心地が悪いのです。水が濁っているところには自然にそういう人たちが集まり、たむろしてしまうということになります。

万物は水から生まれ、水に帰っていく。水の色、水の匂い、艶などが、人間の生活に大きな影響を与えてしまいます。

身体の3分の2は水でできているといわれます。水の汚れは人間の環境に重大な影響を及ぼします。河川、湖沼《こしょう》が汚れていれば、それは心身ともにむしばまれることになっていくでしょう。

いわゆるエコロジー運動は、風水学的見地に立っても支持すべきムーブメントであるといえます。エコロジー運動によって、公害が少なくなり、水が浄化される。これは風水学にとっても、非常に喜ばしいことです。

［よい「気脈」の流れる土地を探す］

人間にとって住みやすい土地とは、どういう土地なのでしょうか。一言でいえば、動物や植物が生き生きと生活しているところといえばいいでしょう。

草木が勢いよく生い茂り、小鳥たちが、朝から楽しげに鳴き声を聞かせてくれる。風水的によい土地というのは、このような土地のことをいいます。

水のなかでも魚がたくさん群れているところは、それなりに魚にとって、エサのプランクトンが豊富であるとか、暮らしやすいところということになります。そして、そういうところにいる魚介類は、イキもいいわけで、人間も同様です。

人間の場合、顔色がよく生き生きしている人は健康であり、顔色の悪い人は病気ということになります。疾病《しっぺい》をもっているということは、その人が、空気か土地のどちらかに何か問題を有しているところに住んでいる、と考えてもいいわけです。

人間が元気ではつらつと暮らしていける場所とは、風水的には「気脈」のよい土地、よりよいエネルギーが流れている場所です。

こう考えてみれば、風水学でよい土地を見分けるというのは、さほど難しい作業ではないことがわかります。風水学とは、東洋の叡知《えいち》がつくり出したもので、科学的かつ合理的なものであることがわかると思います。

「人間が住みにくい土地は動物にとっても同じ」

人間は環境によって左右される動物です。その認識が高まっているからこそ、古来からの環境学といってもよい風水学が、現代でも重視されているのです。

中国に、麻衣という仙人がおりました。この人物は実在した人のようですが、この人の言葉にこういうものがあります。

「相は心によって生じ、心は相によって生じる」

心は文字通り人間の精神ということですが、相は、人相、手相、家相、墓相など人間が認識できるすべてのもの、衣服から、インテリアまでを含んでいます。

人相、手相、家相、墓相などは、いわば五感・六根《ろっこん》というもの、つまり世界を認識する手段です。こうしたものを決定づけているのは、すべて人間の心というわけです。これは表現を変えると、極めて実存的な発想といってもいいものです。

天台大師という高僧の著した書物に『天台小止《てんだいしょうし》観《かん》』というものがあります。そのなかに「死が近づくと、見えないものが見えてくる」という記述があります。

死の直前には、聞こえない声が聞こえたり、見えない存在が見えたり。そうして〝見えないもの〟は周囲の人をふりまわします。

風水学は、こうした人間の生死までも視野に入れていきます。たとえば、サイパン島などのダイビング・スポットは、色とりどりの熱帯魚が、ゆっくりと遊泳している美しい光景が、いたるところで見られます。

ところが、そんなスポットの反対側には魚がほとんど寄りつかないような場所もあるのです。たぶん、現実に何か悪しき事情があるか、心霊的に問題のあるスポットなのか……。

人間にとって住みにくい土地は、魚にとっても住みにくいというわけです。

[土地の「貴龍」「賎龍」とは]

あそこに行くと、いろいろな物がとても安く手に入る。そんな評判のところをチェックしてみます。たとえば、○○問屋街なんて呼ばれる街並みがそれにあたります。こういうところは、全体的に坂などの起伏も少なく、平らなところにズラリと展開していることが多いのです。

風水学の地理の見方でいえば、これは「賎龍《せんりゅう》」といい、高級店は繁盛しないと昔からいわれています。安い商品を品揃えした店が並び、それに引きずられるように、コンビニやディスカウントショップが追随します。

こういう土地柄のところは、生活をする場ではなくて、商売をするところです。

社会的な地位を高めようと思ったら、ここ以外のところに住むことが大切です。

逆に「貴龍《きりゅう》」の土地でディスカウントショップを開業しても、なかなか流行りません。貴龍の土地には、一流人が集まるような品揃えの店がふさわしいというわけです。

たとえば東京・渋谷《しぶや》、代官山《だいかんやま》、神宮前《じんぐうまえ》、赤坂檜町《あかさかひのきちょう》、麴町《こうじまち》周辺など、都内で龍脈が豊かな貴龍の街並みといえば、いま挙げたようなところですが、地形的に共通しているのは、土地の起伏がかなり激しいということ、これが重要なのです。四方八方に坂があって、それが複雑に絡んでいる。それも一方向ではない。それが貴龍の土地といえます。

しかしそうはいっても、いつでも貴龍の土地に生活できるという具合にはいきません。都内は平らな部分のほうがはるかに多いのです。

まず、東京の東側の平らな土地には（たとえば大川端開発など）高層マンションが立ち並んでいます。そこではできるだけ上のほうに住むことで、金・財産・健康などを保つことができるのです。逆に貴龍の土地では、平屋かせいぜい二階建てぐらいの家が望ましいというわけです。

日本には「類は友を呼ぶ」という言葉があります。その意味ではリッチな人はリッチな人が集まるところに住む。頭のいい人は、頭のいい人ばかりが集まるようになる。つまり、金持ちになろうと思ったら、そうしたパワーの溢れた街に住むことが大切なのです。

【環境の法則】

空気と地質の悪い土地に住むと…

土地の起伏やうねりのもつパワーで、土地のよしあしはある程度判断できますが、これだけだと、必ず例外の地相に出くわします。また、仮にどんなによい起伏の土地だとしても、土地の「地質」によっては、だいぶ差し引いて考えなくてはいけません。

空気や地質が悪いところでは、健康に非常に悪く、こういう家に住みますと、いつも病気がちとなり、長生きすることができません。

地質や空気が悪いところに家を建てる場合は、垣根を高くして外界と隔絶し、ほこりやその他の悪気が家のなかに侵入しないようにすればいいのですが、地質の良否を見分けることも大切です。

よい地質と悪い地質を見分ける法則とは

さて、具体的な地質の見方ですが、ふつうに判断する場合は、雨が降った時はぬかるまず、晴れた日が続いた時には、ほこりがたたないのがよいとされています。もちろん、その逆の場合は、最低の土地に違いありません。

ただ、実際には舗装されている土地も多いので、このような判断法だけでは十分ではありません。

具体的に、誰にでもすぐわかる地質の見方としては、草木に着眼することがポイントです。どんなにコンクリート・ジャングルのなかでも、必ず街路樹や植木などがあるはずです。

時期的には春先から夏にかけて、それぞれの土地にある草木をじっくりと観察することです。

ポイントは、草木が生き生きしているか死んでいるか、その草木の葉の色合いを見て判断します。と

くに葉の裏側を見ますと、地質によって葉の緑の色合いに微妙な違いがうかがわれます。

また、よい地質やよい起伏の場所には、不思議と樹木が多く、逆の場合は少ないものです。参考に地質の見分け方を次に列記します。

［地質の良否］

●土の色が黄色でやや白味を含んで潤いのある地質は、住む人に健康と財福を与えます。
●土の色が黄色と黒色とを兼ねた潤いのある地質は、住む人に福運を授けます。
●土の色が紫色を帯びて潤いのある地質は、名誉と財福を呼びます。
●土が硬く締まって自然と潤いのある地質は、盛相《せいそう》で住む人が健康になります。
●土が硬く締まっていて潤いの少ない地質は、住居として使用するのに盛相です。
●朝夕に適度の湿り気の生ずる地質は、少々土に締まりがなくても繁栄を呼ぶ盛相です。
●砂地は盛相とはいえませんが、草木がよく茂る地質ならさしつかえありません。

［凶暗示のある地質］

●青黒い色をして粘り気のある地質に住みますと、健康を害するばかりか、繁栄はまったく期待できません。

●灰のように砂ぼこりの立つ土地は、事業にもっともマイナスとなります。

●石が多くて土を見ることのできない土地は、住むにも事業にも不適当です。

●土が自然と崩れるような締まりのない地質は、すべて不安定となります。

●赤黒い色をしてまるで焼土のような地質は、思わぬ災難の降りかかる衰相となります。

●地質にまったく湿り気がなく白っぽい色をした土地は、精神に安定を欠くことになります。

●草木がまったく生えないか、生えても少ない土地は、住居として使用した場合は不健康になり、事業や商売は破綻《はたん》の憂き目を見ます。

もちろん、これだけで風水のすべての判断はできませんが、地質の相を見るうえで重要なポイントといえます。

では次に、住環境の見分け方を列記しましょう。

よい住環境と悪い住環境を見分ける法則とは

［住居の形の条件］

●平面的にいうと長方形がよく、欠けのある家はいっさいいけません。結論をいいますと、住居の形は東西に横に広い長方形が良好です。しかし、三角形や北から南に縦に長いのは夫婦不和となり、正方形は貧乏になります。

●屋根の傾斜度は適当でないといけません。大きいと、貧乏で病弱になります。

●柱があまり小さいのは、競争的なことでつねに負けるようになり、一軒の家のなかで高さが異なるのもいけません。

●それから、住居内に橋を造ると必ず難産したり、屋根に起伏があれば災難が訪れ、壁が落ちると散財しますので、すぐに直さなければなりません。また、二階が一階に比べて非常に小さいのは、子供が育ちません。

［周囲の家の条件］

●廟《びょう》、役所、寺院などと向かい合うのはよくありません。

●一列に並んでいる家でとくに高い家は、交際がうまくいきません。またとくに低い家は、財が集まりません。

●一列に並んでいる家は、門の大きい家のほうがよいのです。

［門の条件］

●門は絶対に傾いてはいけません。
●門前に石がごろごろと積もっていると、流産しやすいのです。
●門前に池があれば婦人病や眼病にかかります。
●門前に道路が交差すれば、散財します。
●向かいの家と門が向き合っていれば、門の高いほうが貧乏になります。
●門が大きすぎる家は、男より女が多く生まれます。
●門の扉は、必ず大小や高低が一致していなければなりません。
●門の前が他家の塀の曲がり角になっていたら、刃傷沙汰《にんじようざた》が起こります。

［塀の条件］

●塀は家屋に対して、絶対に反り返ってはいけません。
●塀は不自然にならない程度に、住居の形に沿っていれば財に恵まれます。
●塀の曲がり角が家の内側に向いていると、外地で事故に遭いやすいのです。

●塀が崩れるのは、散財の前兆ですからすぐに直さなければなりません。
●塀の曲がり角は、直角より小さくてはいけません。もしも小さいと、親不孝の子供が生まれます。
●塀が家屋をすっぽりと包むと、財運がありません。

［池と溝の条件］

●池はなるべく真円に近いほうがよく、縦と横の長さがあまりにも違うのは凶。
●門前にあまりに大きい池があると、その家の人は短命になります。
●溝はなるべく見えないほうがよいのです。溝が見えすぎるのは散財の相です。
●溝の流れ方は、家屋に添っていなければなりません。
●溝が自分の宅地の範囲を出る時、門の向きや家屋の向きと同じになるのは凶です。
●溝はゆるやかに曲がっていたほうがよく、真っすぐに流れるのは凶。
●流れ出す溝が二つに分かれると、家のなかに喧嘩《けんか》が絶えません。

［道の条件］

●大きい道が、家に近づくにつれて小さくなると、泥棒に入られる相です。また、

T字路や人字路にある家は、いつまでたっても発展しません。

●枯れた樹木の方位は、住居運が衰運になる方位ですので、すぐに改造することです。

［樹木の条件］

●住居の気を見ることができない場合は、宅地の樹木で、その運気をうかがうことができます。樹木が枯れているのは、住居の運が尽きて衰運に向かうきざしです。

［トイレの条件］

●トイレや洗面所はそれだけで凶相となります。清潔にすることが唯一の救いの道であり、また清潔にするだけでなく、より豪華にしたほうがもちろんよいのです。

●トイレを清潔にしますと、放便している時の精神も、さわやかで快食快便となり、その結果健康になります。

●トイレは細菌がよく繁殖するところですから、清潔にしておきますと、それだけでも細菌性の病気から逃れることができます。

【台所の条件】

●台所は窓を多くつくると健康によく、風水的に吉相になります。一方向に大きくつくったり、たくさんつくったりするのではなく、各方向とも一つずつあるようにつくることが肝心です。窓を多くつくると不健康な気が逃れますから、台所に病的な臭いや煙、ガスなどがたまらなくなります。

●台所の入り口は、なるべく家の中心に向いているほうが吉相となり、一家が楽しく団らんできます。

【勉強部屋の条件】

●背を出入り口に向けて勉強しますと、どんなに熱心に勉強をしても、成績がまったくあがりません。顔を出入り口に向けて勉強をしますと、不思議と集中力が増して、記憶が確かになり勉強の成果があがります。

●これと同じように背を壁に向け、顔を出入り口に向けますと、気持ちが落ち着いて精神が集中します。

●その反対に、背を出入り口に向けますと、顔が壁を向いていることになり、落ち着かずに眠気がさしてきます。こういう勉強部屋で勉強をしている子供は、たいてい成績がよくありません。こういう現象は、子供の学業成績と机の向きを綿密に調べますと、ほとんどがあてはまり、あまり例外というものがありません。

［玄関の条件］

●門から玄関に通じる道は、平坦なほうが吉となります。

●門から玄関に向かって高く坂になっていますと、一家の主や男の子供が、とかく女性問題を起こして、家庭内に波乱が生まれます。

●その逆に、門から玄関にかけて下り坂になっていますと、長男がしっかりせずに、家を出て行ったり、他家の者が養子となり家を継ぐため、家運が下がります。

●玄関は日中、日の入る方位が吉となりますので、東、南東、南にあるのがよく、北東（鬼門《きもん》）や南西（裏鬼門《うらきもん》）にありますと、怪しい人や危険な運が訪れます。

●西、北西、北に玄関があると、夕方から深夜にかけて訪問者が多いものですから、慨して家運が下がります。家族も昼間に家を空けていることが多くなります。

●とくに西の玄関は、遊びや飲食、宴会などで外出が多くなり、北西の玄関は一家の主人の運が強ければ愛人のもとへ、弱ければ入院します。北の玄関は家族がそれぞれに、人にいえない事情で家を留守にすることが多くなります。

［浴室の条件］

●浴室は湿気の流れから見て、南東の方位が最適です。できたら換気扇をつけて、立ちのぼる水蒸気を外に出すとよいでしょう。また、できるだけ高いところに窓を造るとよいものです。低い窓はとかく湿気がこもってしまいます。

●浴室は不浄なものを洗い流すところですから、風水では、トイレと同じ性格のものと見ます。そのため、つねに清潔に心がけて、できるだけゴージャスにすると陰気がさけられます。

●また、大きな鏡を置くと邪気も除けることができます。

●水気は病難を呼ぶので、寝室からできるだけ遠く離れたところに造りましょう。

［水の法則］

水は「形」と「方位」に注意する

古来、中国では〝水はお金のことをつかさどる〟といわれてきました。たとえば個人の家の池や料亭の池で鯉が泳いでいるような場所や、あるいはお店、事業所の水槽などで熱帯魚を飼っているような場所には人が集まります。こういった場所は

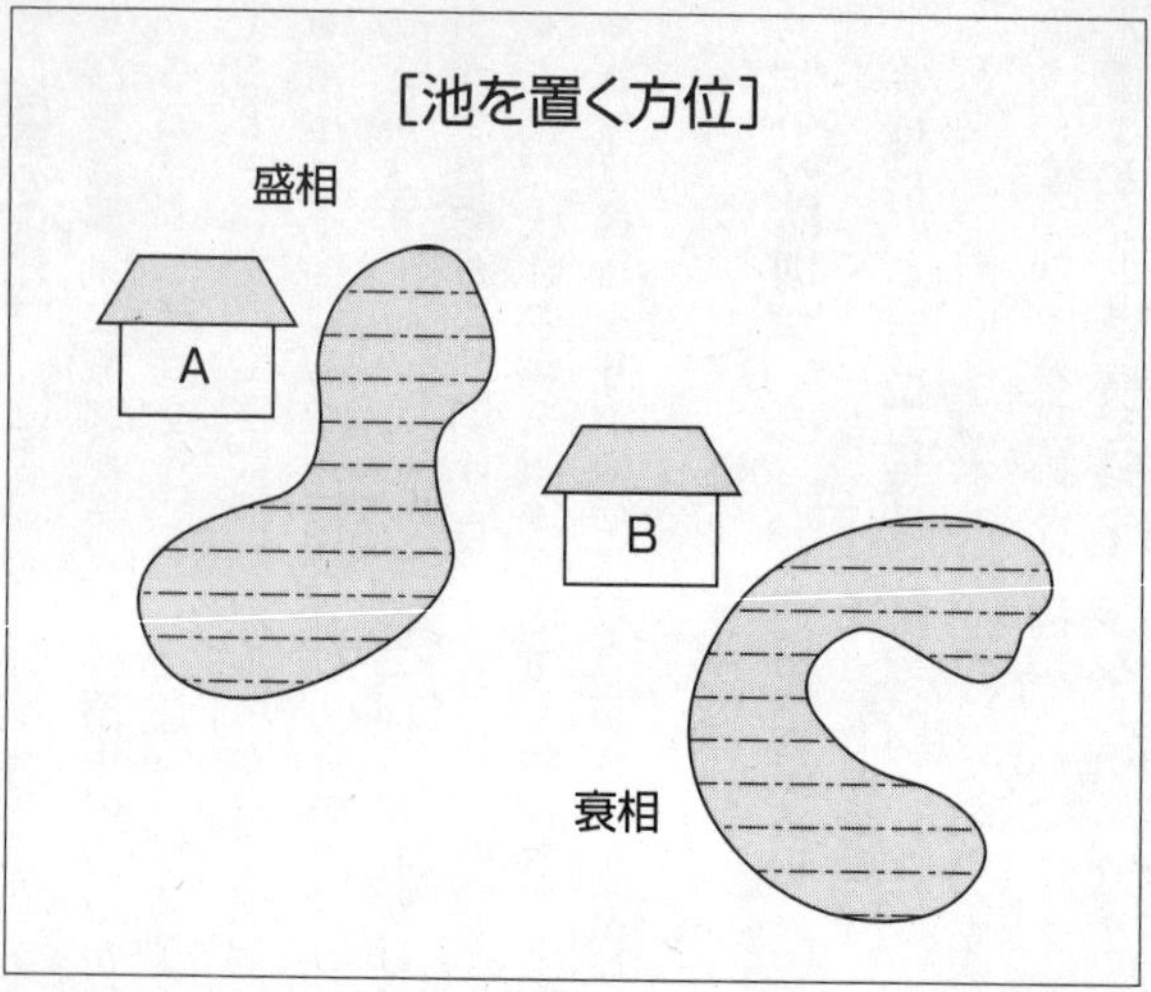

非常に財運を呼ぶ気のエネルギーに満ちているといえます。

とくに、どのような条件を備えていたら盛運の気があるかといいますと、まず池の場合、人の家、料亭、事業所などで、その建物の周囲を取り囲むような形になっているということです。

そして水の流れは、緩やかでなければいけません。池の形は、曲がりくねりが多ければ多いほど、エネルギーが強いのです。さらに、池の水は澄んでいたほうがよいのですが、底が見えるようではいけません。

また、方位もたいへん重要です。建物の中心から見て、池あるいは水槽を置く大吉の方位は、東、南東、西、北西の四方位のみです。これらの方位に水があると、そこに少しでもとどまる人にとって開運の効果があります。

とくに南東にあると、お金とともに多くの人の出入りがあり、信用できる人物と見ることができます。田中角栄《たなかかくえい》氏の東京・目白《めじろ》の豪邸にあった池が、南東（巽《そん》）の池だったのもうなずけるでしょう。

運が下降する悪条件とは

ここで注意することは、吉方である四方位以外に水があると、いずれも病難を呼びますので、長くはとどまらないことです。

もちろん水が濁って汚れているような場合は、ほんの少しとどまるだけでも、とても健康を害するものです。

また池の場合の悪い条件というのは、家に向かって反り返っていたり、

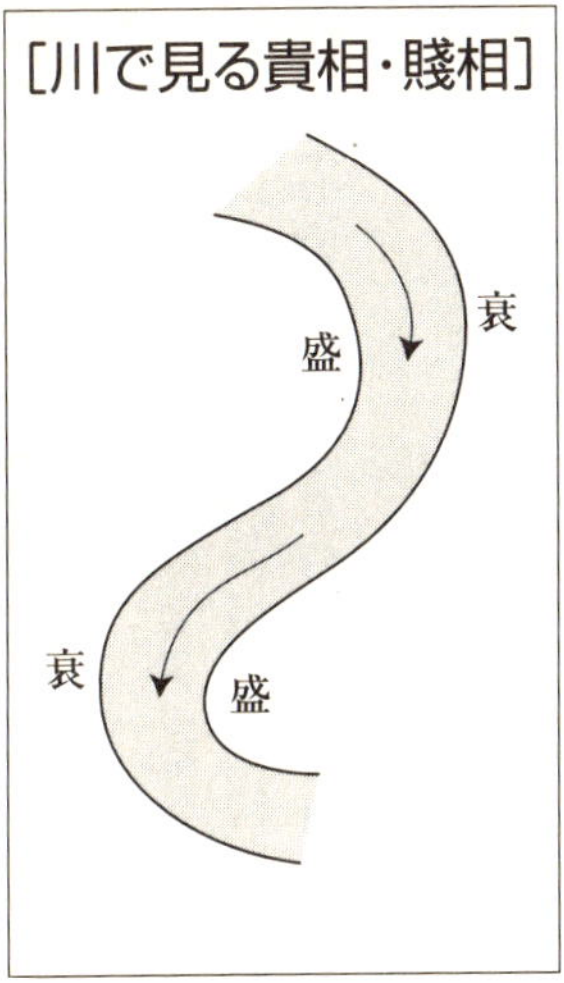

あるいは流れが急であったり、曲がりくねりがなく単調である、また澄みすぎて底が見えていたり、逆にどろどろと濁っているような池の場合です。このような場合はまったく盛気に乏しく、運は下降します。

川、海、湖など水のある近くには、必ず大きな都市や町があり、繁華街があって発展の気があります。その場合も川の内側が栄え、外側が衰えるということになります。

川というものは、蛇行《だこう》が多ければ多いほど、その場所は気のエネルギーに満ちているのです。逆に川がまっすぐ垂直であればあるほど、その地域はあまり潤いがなく、発展性も少ないのです。この場合、川の蛇行の内側ほど栄え、背にあたる外側ほど衰えます。盛相はつねに内側で、背の部分は衰相になるということを覚えておいてください。

川、池、湖、あるいは海のそばのホテル、旅館に宿泊する場合も、それぞれの内側にある場所を選ぶようにすると、そこには盛気が満ちていて、ストレスが解消され健康になります。

第5章

幸せな恋愛・結婚を得る風水術がわかる

よい出会いやお付き合いに恵まれる法則とは

【恋愛・結婚運をよくする風水術（住まい編①）】

西側を整え、重たい家具を置く

西は恋愛成就の星、七赤金星の方位です。部屋の西30度の範囲は、兌宮《だきゅう》といって、恋愛、金銭運をつかさどる場所なのです。

あなたの部屋の西側を見てください。汚れていたり、散らかっていたり、というのはもってのほかです。素敵な恋愛運をつかみたかったら、西はたえずきれいに整えておくことが第一です。くずかごなども、この方位に置かないことです。

西側が整理整頓されておらず、大きな窓があると恋愛運は悪くなります。恋が実ったとしても、つねに交際相手からは遊びの対象としか見られず、失恋ということになってしまうでしょう。

恋愛運を逃がさないためには、西に出入り口や窓があってはいけません。もしあるなら、窓をカーテンでふさぐことです。西は恋愛運を発展させる場所ですから、タンスや本棚、チェストなど大きくて重たい家具を置いて、恋愛運の安定をはかりましょう。その上に好きな人の写真を飾ると、思いが伝わりやすくなります。

南東の電話は良縁を呼ぶ

いい結婚相手とめぐり会いたい、というあなたにピッタリなのが、この風水を利用した結婚運の上昇法です。

結婚においてまず大事なのが、自分に合ったいい人との出会いです。これを実現させるには、部屋の中心から見て南東の方角を風水的に吉相に変えることです。

南東は風水陽宅法では、出会いをつかさどる場所です。結婚運にもっとも重要なのも南東です。南東は通信や出入りといった意味がありますから、ドアや窓があればとくに良縁を呼びます。電話やファクスを置くと吉報が届きやすくなります。

また、この方角に憧れの人の写真や〝恋愛を呼び込む〟といわれる水、つまり水槽に入った金魚や熱帯魚などを置くのもよいでしょう。

南東側の壁には〝水〟に関係ある写真や絵を

いちばん手軽にできる恋愛運アップ法としておすすめなのは、南東側の壁に、海や川、プールなどをモチーフにした写真や絵のポスターを飾ることです。憧れの人のポスターを貼ると、似たタイプの人との出会いが生まれます。たったこれだけで恋愛運を呼び込むことができます。

ベッドは北側に置き、西枕で寝る

発展した恋愛運をさらに上昇させ、結婚にいたるにはどうすればよいのでしょう。それには、北にベッドか布団を置くことです。北はセックスをつかさどる場所なので、ここで寝るとセックス運に恵まれ、結婚に結びつくことになります。異性関係によい影響を与えてくれ、恋愛運にツキが出てくるはずです。

ただし、頭は必ず西側に向けることです。恋愛運を呼び込む方角に足を向けると、素敵な出会いも逃げてしまいます。

北にソファを置くのもよいでしょう。とにかく、彼がくつろげるスペースをつくることが大切です。インテリアの色も明るい色で統一しましょう。

また、恋愛運で重要な西に、ベッドを置くのも結構です。この場合は、机は北向きにするのがポイントです。

右を下にして寝ると結婚運がよくなる

この寝方をすると、自然と穏やかな性格になって、誰からも愛され信用が得られるようになります。頭を北に向けて右を下にして寝ると、磁石が必ず北をさすように、大自然のパワーを十分得られるので、安眠ができてストレスがなくなり、健康

恋愛運を高める部屋
彼の写真を♡
西はスッキリ
重たい家具!
ベッドは北側・枕は西
部屋を
暖色系で統一
南東の電話
海のポスターは吉

になります。性生活も円満にいき、セックスもテクニシャンになることでしょう。
もちろん頭を西に向けて寝たときも、右を下にして寝るようにしましょう。

部屋全体をピンク、オレンジなどの暖色系にする

部屋は全体をとにかくきれいに、赤やオレンジを基調にして、できるだけ豪華に飾ってください。

家で花を飾るときも色は大きなポイントになります。赤やオレンジ、黄色などの暖色系の明るい花は恋愛運がよくなります。置き場所は、やはり部屋の西側30度の範囲がベストです。オレンジや朱色は金運をあらわし、紅色は恋愛運、薄い赤やピンクは恋愛、遊び、金運すべてをあらわします。

[恋愛・結婚運をよくする風水術(住まい編②)]

土地や建物の南東の張り出しは吉

土地の場合はまず、不浄なもの、たとえばゴミや汚水だまりがなく、倉庫やガレージなどがあると、恋愛運と金銭運ともに良好です。

［建物の「張り」と「欠け」に見る結婚運］

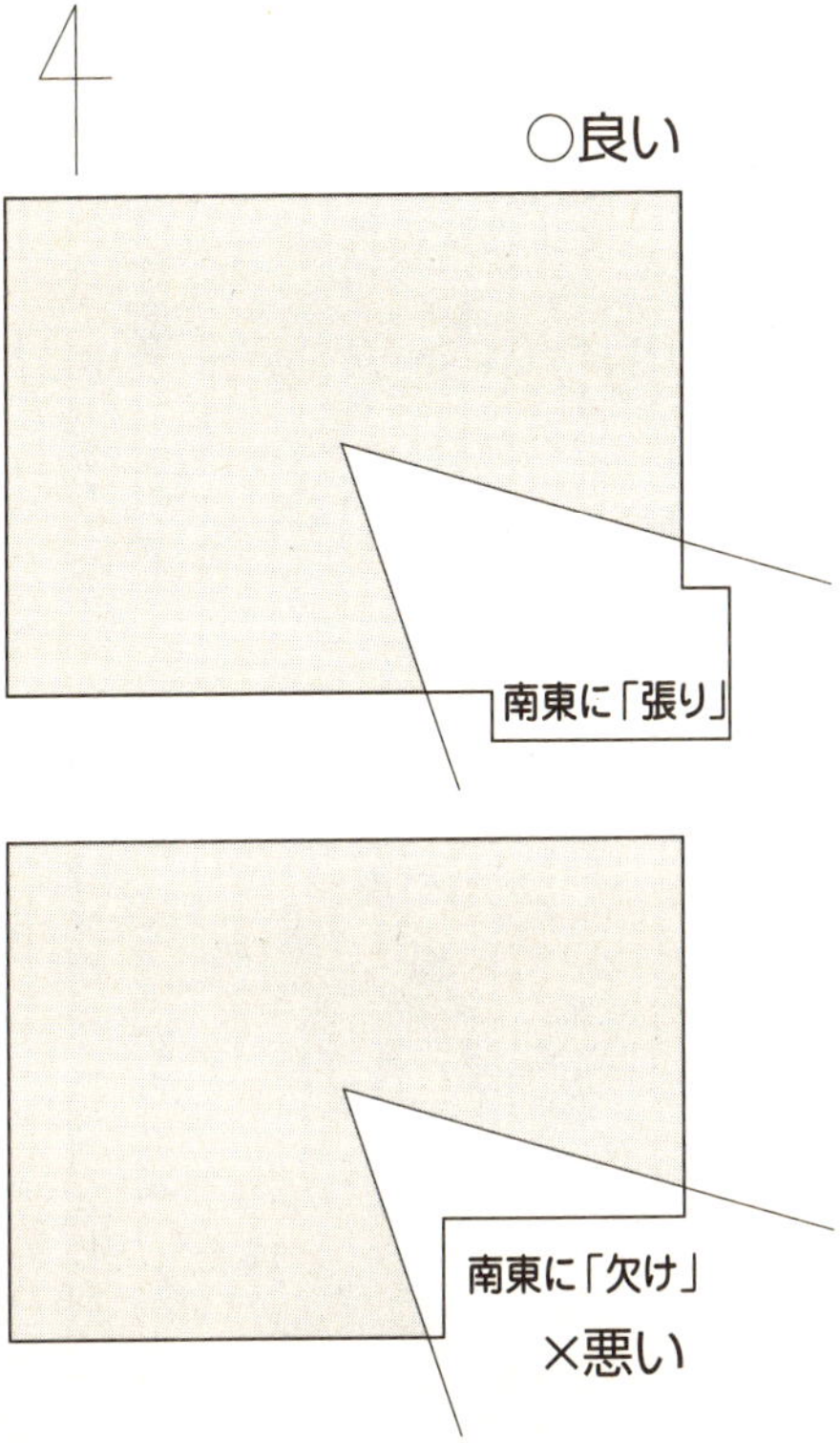

土地なら南東に門があったり、家なら玄関があったり、部屋なら出入り口があると、交友関係が広くなり、社会的に信用を得て発展するので、おのずと良縁に出会います。

広く大きな窓があり、南東に高い建物がなく、採光がよくて風通しが十分な部屋に住んでいると、教養に富んで円満な人格になるので、誰からも愛され信用が増し、結婚運もよくなります。

また、127ページのように南東が張り出していると、女性の場合は才色兼備《さいしょくけんび》となり、あちこちから良縁が持ち込まれます。

南東が欠けこんでいてトイレや風呂があると、いい縁談も流れてしまいます。部屋が張り出していて、これらの水回りがあるのはかえって吉相となり、結婚運がよくなります。極力この点に注意して住みましょう。もし悪い相の場合には、とにかく清潔にしておくことです。

土地や家の形が長方形の所を選ぶ

欠け込んでいる土地というのは、解決策がないので、引っ越す時は、東西に長い長方形の凹《へこ》みのない土地を選びましょう。

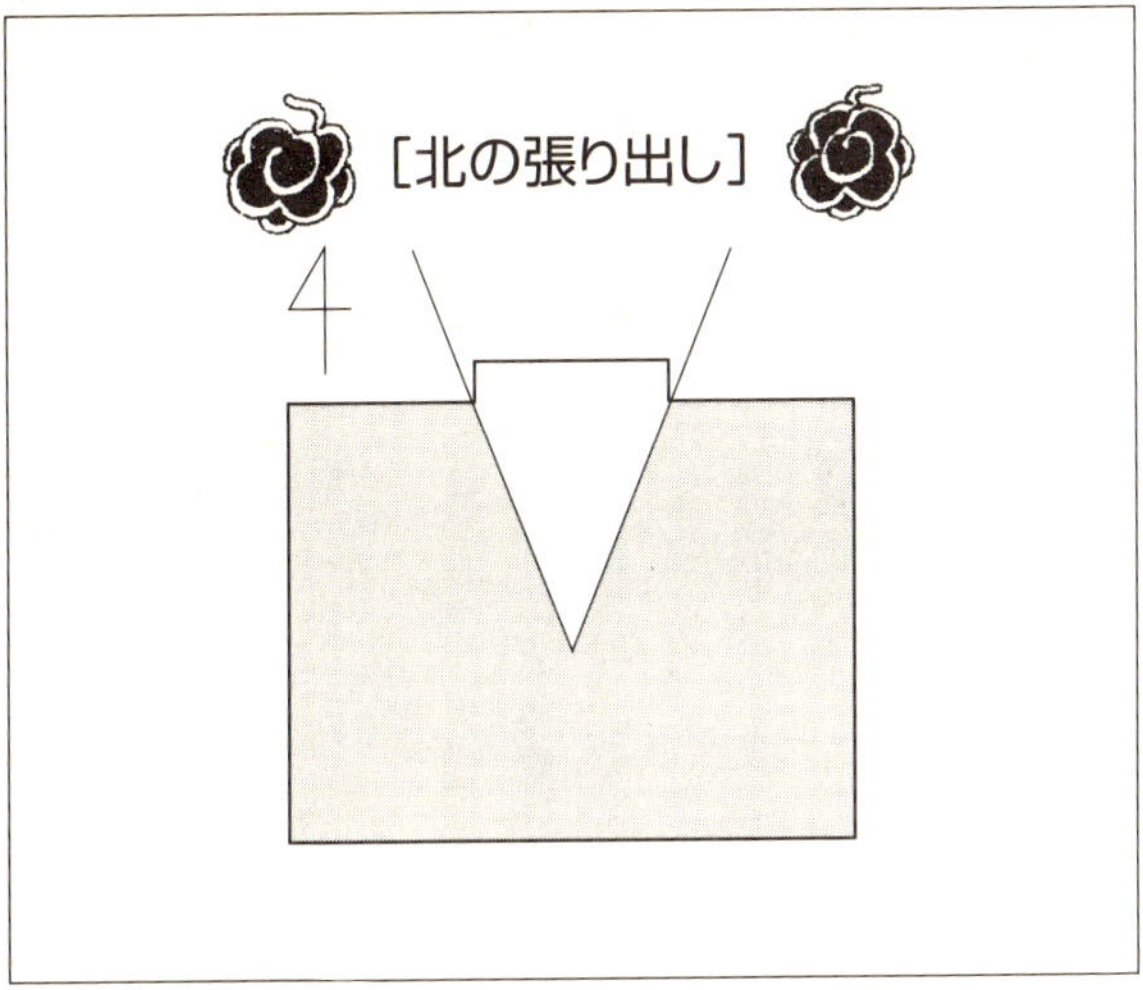

部屋は窓が大きかったり、数の少ないものを選び、風通しをよくしましょう。壁の面積が広い時は緑の濃い観葉植物を置くと、精神的に落ち着きが出て自然と笑顔が多くなり、柔軟な社交性が出ます。

南東に電話を置くと、遠方からよい知らせが届きます。

北側の張り出しでセックス運がよくなる

セックス運は、部屋の中心から見て北30度の範囲で判断します。土地や建物が北にだけ適度に張り出していると、異性の援助引き立てが得られ、艶福家《えんぷくか》になります。腎臓や下半身が健康になるので、何事にもエネルギッシュでスタミナ満点の行動力あふれる人になります。

性生活もそのスタミナと持久力だけではなく、相手を喜ばせるのに十分なテクニックが備わります。張り出していない場合でも、壁になっていれば吉相です。

[恋愛・結婚運を高める部屋の実例]

Q 友人時代を含めると、もう九年の付き合いになる彼がいます。すぐに結婚したいというわけではないのですが、もう二十五歳なので将来どうするのか、はっきりしてほしいのです。別に新しい恋人でもできれば、別れられるような気もするのですが…。

[現状の部屋]

左のようなロフト付きの六畳のワンルームです。タンスや大きな家具はほとんどなく、すっきりした印象です。ロフトをベッドがわりに使っています。

現在、家具のほとんどが黒です。カーテン、テーブルクロス、ソファカバーも青っぽい寒色で統一されています。シンプルですが、ちょっと殺風景な感じの部屋になっています。もう少し温かさが欲しいところです。

恋愛に悩む方の現状の部屋

改善した理想の部屋

［理想の部屋］

131ページの現状の部屋を見ますと、西側に、黒いサイドボード（脇棚）があります。ここは恋愛運にもっとも影響を及ぼす位置で、ここに黒っぽいものがあると、どうしても会話も暗くなりがちです。

右のイラストのように、西側には赤やピンクなどの赤系統のものを置き、華やかな雰囲気にするとよいでしょう。部屋全体も同じように花を飾るなどして明るくします。

また、ロフトに寝ているということですが、このようなところですと、どうしても落ち着かず熟睡できません。実際にベッドを置き、下で眠るようにするとよいでしょう。

西に頭を向けて寝ると健康になり、恋愛運も上昇します。

最も恋愛運のよくなる理想の部屋はこれ

もっとも恋愛運のよくなる部屋を次ページのイラストでお見せしておきますから、部屋の模様替えなどの参考にしてください。

もっとも恋愛運を高める理想の部屋

【恋愛・結婚運をよくする風水術(ファッション編)】

女性は髪形の影響も大きい

髪形は、ショートよりロング、ストレートよりパーマヘアが恋愛運を呼びます。これは髪の毛というのは、情緒性に関係するためで、髪の長さは情緒性の豊かさに比例し、直線よりは曲線が心の優しさ、柔軟性をあらわすからです。ヘアスタイルというのも、恋愛運にはおおいに関係あるのです。

服の色はゴールドか赤が吉

とくに人を惹《ひ》きつけるパワーをもっているのはゴールドです。ですからこの際思い切って、アクセサリーは豪華にゴールドでまとめてしまうのも、恋愛運には有効でしょう。

もう一つのポイントは赤です。赤は、恋と情熱をあらわす色です。視覚的にも強く感覚にアピールする力があるので、うまく使えば効果テキメンです。つまり、意中の人の気持ちを惹きつけるには〝赤系統の服にゴールドのアクセサリー〟というファッションが最高ということです。

【恋愛・結婚運をよくする風水術（行動編）】

相手を意のままに操る秘伝とは

風水学のなかには、人を意のままに操る秘伝があります。その一つが風水応対術です。これは戦場において、外交的手段で解決を図ろうとする時、自らに有利になるように敵を操るテクニックのことです。

もう一つは、皇帝が寝室で女性を口説き落とす時に使った房中術です。これらの方法は、デートやお見合いの時はもちろん、仕事にも使えます。

風水応対術では、彼、または彼女と向かい合って座る場合、正面よりもやや斜めに座るほうが攻略率は高くなると教えています。

風水応対術では、応対する位置を、

正面→理の空間

斜め→情の空間

としています。前者はお互い、応対が理詰めになりますので、自然と二人の関係も理屈っぽく他人行儀になりがちですが、後者は情緒性が出て、親愛の情が生まれやすいとされているのです。

また、隣に座る場合は、相手の左側に座ったほうが相手をリードしやすくなります。これは、感情の中枢機能をつかさどる心臓により近くなるためで、自分の言葉が相手の感性を刺激し、非暗示性が強まるのです。

会話のイニシアチブを握りたい時には、目を有効に使うことです。「八方目《はっぽうもく》」といって、相手の目を見つめたまま、周囲を観察する方法があります。これを使うと、冷静に状況判断でき、相手のペースにはまることがありません。また、相手に暗示をかけたい時は、眉間《みけん》をぐっと見つめる方法が効果的です。

そして、身体に触れる場合は、身体の裏側、つまり陰になる部分に触れるのがコツです。身体の裏側というのは性感帯で、拒否反応を示せない唯一の場所でもあるからです。これは房中術のなかでも極意とされる秘伝です。

食事のときはここに座ると好印象に

出入り口に近い人ほど印象が薄く、遠いほど周りに強い印象をもたれます。とくに入り口に背を向けている人は不利で、入り口に向かって座っている人がいちばん好印象をもたれます。

次の図ですと、出入り口からいちばん遠いところに座っている①が有利です。次

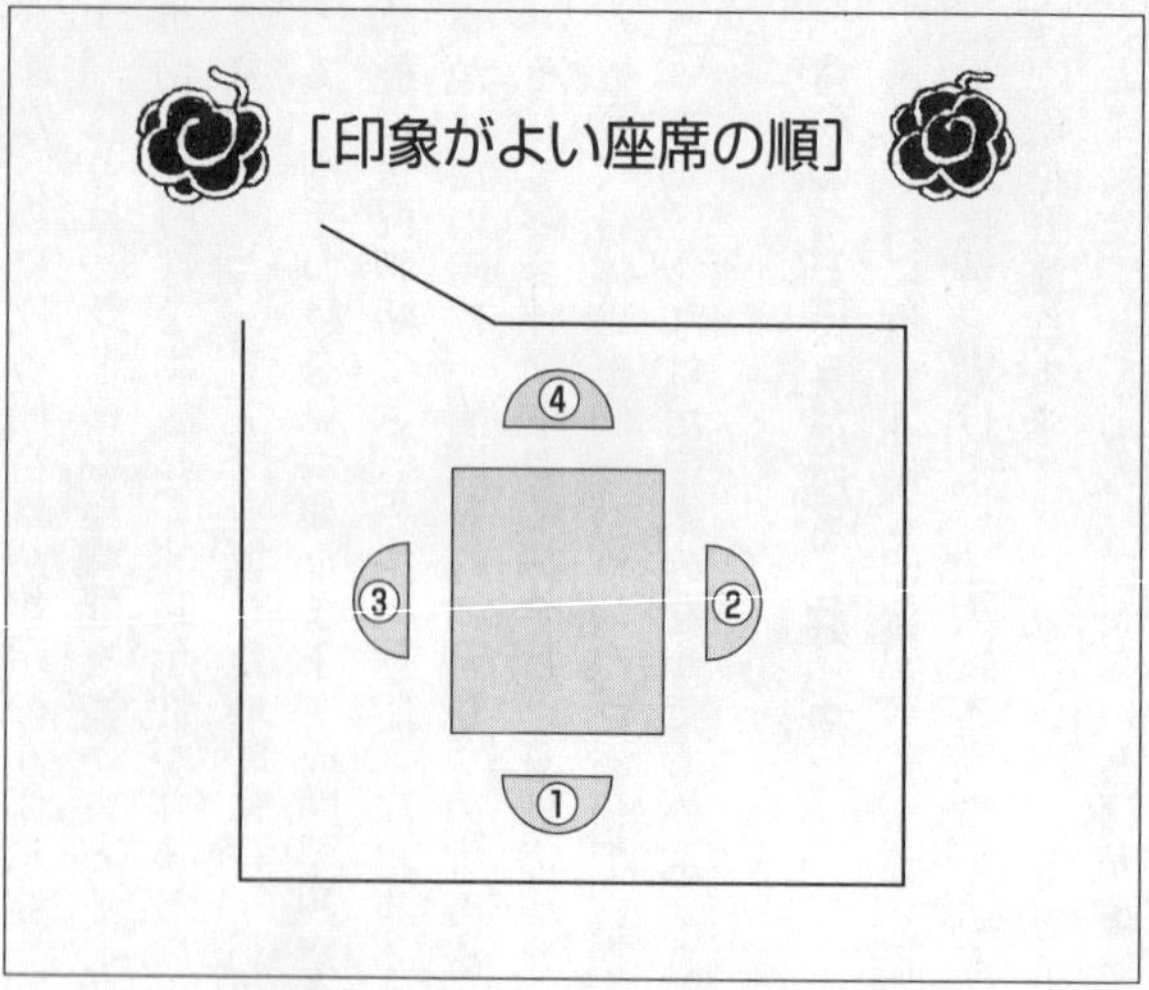

が②、その次が③で、④はかなり不利です。

人間には、出入り口に対して本能的に警戒心があって、神経がそちらに集中するので、落ち着きがなくなるのです。その結果、自然としぐさや表情に精彩を欠いてしまうことになります。

意中の人と並んだら左側を歩け

隣同士に並んだ場合、相手の左側に立てば、相手をリードしやすく、逆だと自分がリードされやすくなります。人間は心臓に近いほうに立たれると、その人の意思に操られやすいということです。

心臓というのは、情念の中枢機能で感性に鋭敏であり、心臓のある側の人の言葉に左右され、暗示に弱いということです。こちらの思う壺にはまりやすく、いつもよりは口説きやすくなります。会社の廊下などでバッタリ会ったら、サッと彼(彼女)の左側に行き、並んで話しながら歩くとよいでしょう。

机の上に水物を置くと人に好かれる

オフィスのなかで、自分のデスクの位置を自由に選べるのなら、風水的に恋愛運のよくなる入り口から遠い位置にもっていきたいものですが、職場ではなかなかそれも難しいことでしょう。そういう時は、とにかく花びんでも何でもいいから水物を置くことです。しかし、鉢物はよくありません。それならむしろ造花のほうがマシなくらいです。

ここぞ、という日は赤い服を着る

風水では、大自然はすべて七色に統一され、それぞれに特有の働きと運命が決定づけられていると考えられています。

赤は〝兌《だ》〟と呼ばれ、恋愛運と金銭運をあらわす欲望の色です。相手に思わず本能的な行動を起こさせるのに役立ちます。一方、緑は〝巽《そん》〟と呼ばれ、誰からも愛され敬われて、社会的信用が得られます。その結果、良縁に恵まれ幸せな結婚へ進むということです。黒は別名〝死に色〟と呼び、運気が停滞する色の代表です。茶、紺、グレーなども愛情を失いやすい色です。

本命へのプレゼントは器物にする

本当に結婚したいと思える相手なら、カップや壺などをプレゼントに選びましょう。器物は相手を受け止める意味があります。それだけに、妻子ある人などにあげると、不倫へと発展してしまう可能性もあることをお忘れなく。

[風水的〝いい男・いい女〟の条件]

風水的〝いい女〟の条件とは

玉の輿《こし》に乗りたい。幸福な結婚をしたい。いつの時代にも、そう願う女性は多いことでしょう。そのためには、男性に好かれるようないい女になっていなければなりません。

これは、男にチヤホヤされるということとはまったく別次元の問題です。風水的に考察すると、いわゆる美人顔の女性は、悪い風水相というケースが多いといわれているのです。

地球上には男と女しかいないのです。女と男は陰と陽の関係にあり、お互いがそれぞれを育てていくものです。

情愛の深い女性というのは、身辺にとても和気があふれているものです。いわゆる身持ちのよい女性といわれている人がそれです。そういうタイプの女性になるためには、日頃からどういう態度、生活をすればいいのでしょうか。

それは一言でいえば、幸福感に満ちたものに日頃から交わっていることが大切です。これが風水の究極の目的なのですから、その目を養うのが、幸福へのスタートというわけです。

そのためには、たとえば読書をする場合でも、テレビを見る場合でも、怒り、悲しみ、切なさなどがあふれているものは、読んだり見たりしないほうがよいでしょう。人間のなかにある潜在意識(深層)という部分に悪い意識を根づかせないようにすることが大切です。つまり、ドアに赤いものをかけておけば幸福になれる、というほど単純なものではないのです。

[チェックポイント]

風水学から見た〝いい女〟とは、どんなタイプなのか、しっかりチェックしてみましょう。

①明るい雰囲気がつねにかもし出されている(風水的には細おもてはあまり評価されていません)。

②丸顔(全体にバランスのとれた目鼻立ちということです)。

③お尻が大きく、脚が太い(お尻の小さい女性は孤独運が強いといわれています。たとえば晩婚だったり、不倫とか愛人関係とかノーマルでない男女関係に陥りやすいのです。また脚の太い女性は、晩年運が強いといわれています)。

④胸は大きいほうがいい(胸が大きいといっても、Eカップなどという必要はありませ

ん。ふつうにふくらみがあればいい程度と思ってください。胸はセックスの時の役割以外に、男性に母性的な安らぎを与える力があります。その結果運を与えてくれることになるのです)。

いまや、面長、スリムな女性が時代の趨勢《すうせい》のようになっています。「私は今時の顔じゃない」なんて落ち込んでいる女性は、これで元気回復するはず。あとはふだんから明るく楽しげな振る舞いをしていれば、自然に男性のほうから近寄ってきます。

いつも陽気を漂わせている女性が、男にとっても理想なのです。姿や形よりも、そんなメンタルな部分も大切にするとよいでしょう。

運を逃すダメな女とは

一般に結婚運が悪いとか、男運が悪いとかいわれる女性にはこんな共通点があります。

あまりよい言葉ではありませんが、以前〝アゲマン〟〝サゲマン〟という言葉が流行しました。一歩間違えればセクハラに近くなってしまいますが、現実にその女性と親密な交際、肉体的関係をもってしまったために、貧・病・争を全部かぶることになった男性がよくいるのです。

また、男性に比較すると女性は欲が深いといわれます。それが言葉になってあらわれるのがグチ、つまり、グチが多い女性は男を幸運にしてくれません。

仕事には有能で機転もきくが、あまり一生の伴侶にしたくないというタイプの女性もいます。いわゆる険《けん》のある女性がそれです。彼女たちは自分を守ろうとしすぎで、警戒本能が人一倍強いのです。水商売でバリバリ稼いでいる女性には、このタイプが多くいます。

また、男の場合だけでなくマザコン女もあまりいいものではありません。このタイプには結婚に失敗するケースも多いようです。やっぱり、自分の意思で物事を判断できないタイプ、なんでも母親を頼りにしてしまうタイプでは、自立できないというところでしょう。

風水的〝いい男〟の条件とは

女性に好かれる男性の条件には、どんなものがあると思いますか。その好かれ方からも、運が強い男かどうか、ある程度推測することができるのです。

たとえば、明るくさわやかなイメージにあふれた女性に好かれる男性は、とても強運の人が多いのです。逆に寂しい感じの女性についつい惹《ひ》かれてしまう、そんな男性も数多くいるわけですが、彼らはまた自分自身も同じような運命に、引きずられることになってしまうのです。

明るく光り輝くような女性を選ぶことが、将来の結婚生活のためにも大切なことといえます。逆にいえば、そういう女性に好かれる男性は、運を味方にしたいい男なのです。

ふだん自分が通りすがりの女性をチラッと眺めて「すてきな女性だな」と思うのは、いったいどんなタイプなのか、しっかりチェックしてみるのもいいでしょう。

その時の印象をしっかり記憶しておけば、何度か試みるうちに一つのイメージができあがります。そのイメージから今度は、自分自身の運についても考えることができるというわけです。

［チェックポイント］

風水的に見た「いい男」とは、いったいどんなタイプの男性なのでしょうか。これから挙げる各項目に、男性だったら自分があてはまっているかどうか、あるいは女性だったら、今自分が付き合っている男性がどのくらい、いい男の条件を持ち合わせているか、チェックしてみましょう。

①男のよしあしは学歴ではない（大学そのものに確かに差異はあるが、これは人格とは別問題です）。

②姿・形は二の次（古来、「色男金と力はなかりけり」という言葉があります。こういう美男子はなかなか成功しないが、仮に成功したとしても、女で身を持ち崩すことが多い）。

③あごがしっかりと張っている（俳優でいえば、緒形拳《おがたけん》さんのような顔立ちを想像すればわかりやすいでしょう）。

④大きめな尻でよく引き締まっている。

⑤下半身が多少胴長と思われるくらいでもどっしりとしている。

どうですか。いまあなたが交際している男性は？　背が高く、高学歴で高収入、そんな三高を望んで、いま目の前にいる男性のよさが目に入ってこない……というのでは困りものです。もう一度しっかり彼をチェックしてください。

運を逃すダメな男とは

女性から見てすぐわかる運の悪い男の条件というのもあります。もっとも典型的なのは実行力がないということ。これには、いくつかの理由があるのです。たとえば金がありすぎて、行動に移すという発想が生まれない(その逆のケースもある)。何か病気をもっていて、行動力がわいてこない。いわゆる最後の一押しの足りないタイプです。

そして、いわゆるマザコン男。男が開運しようと心から思っているのだったら、信頼した風水師のところへ一人でくるようでなければダメです。開運を一心にやることでようやくエネルギーが生じてくるというのに、それを愛人や母親などに伴われてくるようでは……。つまり裏を返せば、依頼心が強いということにも通じているのです。

世間で大成功した例を考えてみますと、極端な表現ですが、一年間で3日しか男性が家に帰らないなんていうケースがよくあります。本人も必死になって働いているわけですが、それを黙って許し、家庭や子供たちを守る奥さんの寛容力と陰の協力も忘れることはできません。こうした男性を許せるという考え方ができるかどうかも、男を大成功させる一つの鍵といえます。

運の悪い男というのは、えてしてこういう女性を奥さんにできないというわけです。その運の悪さを問題としてとらえるだけの自覚が、その人にあるかどうか。せんじつめていけば、運が悪いというのも、自分でつくりだしている部分も大きいのです。それを風水の力でサポートできればと考えています。

第6章

対人運をよくする風水術がわかる

ストレスのない人づきあいや夫婦円満の法則とは

［対人運をよくする風水術（住まい編）］

南東に物を置かない

対人関係を見る場合にいちばん重要なのは南東です。ここに玄関、出入り口、窓、風呂などがある場合は吉ですが、そうでない場合は、とにかく物を置かないで清潔にしておくことが重要です。

壁やトイレになっていて空気の流通がない場合は、対人関係も閉ざされがちになりますので、海や川や森など大自然が描かれた絵や写真を飾るか、大きな観葉植物を置いて空気を清浄にしてください。そうすれば、そこがリラックス・ゾーンになって落ち着いて行動ができるようになります。

東に音の出るものを

東にＣＤプレイヤーなどを置いて静かな音楽を聞くと、より心が落ち着きます。人間関係をよくするには、最初にまず、自分がリラックスしてフランクな雰囲気でいることです。

北西にくつろぐスペースをつくる

北西にソファなどくつろげるスペースをつくり、ゆったり座ってみましょう。そして過去の楽しかったこと、うれしかったことなどいい思い出に浸るうちに、心が自然に休まり落ち着いてきます。

また、対人関係というと親戚や家族などの付き合いも含まれますが、その場合は台所、風呂などの水回りを、つねに清潔にしておくことが大切です。台所の入り口が家の中心を向いていれば、楽しい一家団らんが約束されます。

【対人運をよくする部屋の実例】

Q 会社では、周りの人たちはほとんどよい人なのですが、一人だけ大喧嘩してしまった人がいます。それ以来、どうもその人とはうまくいかず、今後一緒に仕事をするとなると困ってしまいます。何かよい方法があるのでしょうか。

【現状の部屋】
六畳ほどの部屋にベッド、チェスト、テレビだけがある、とてもシンプルな部屋

対人関係に悩む方の現状の部屋

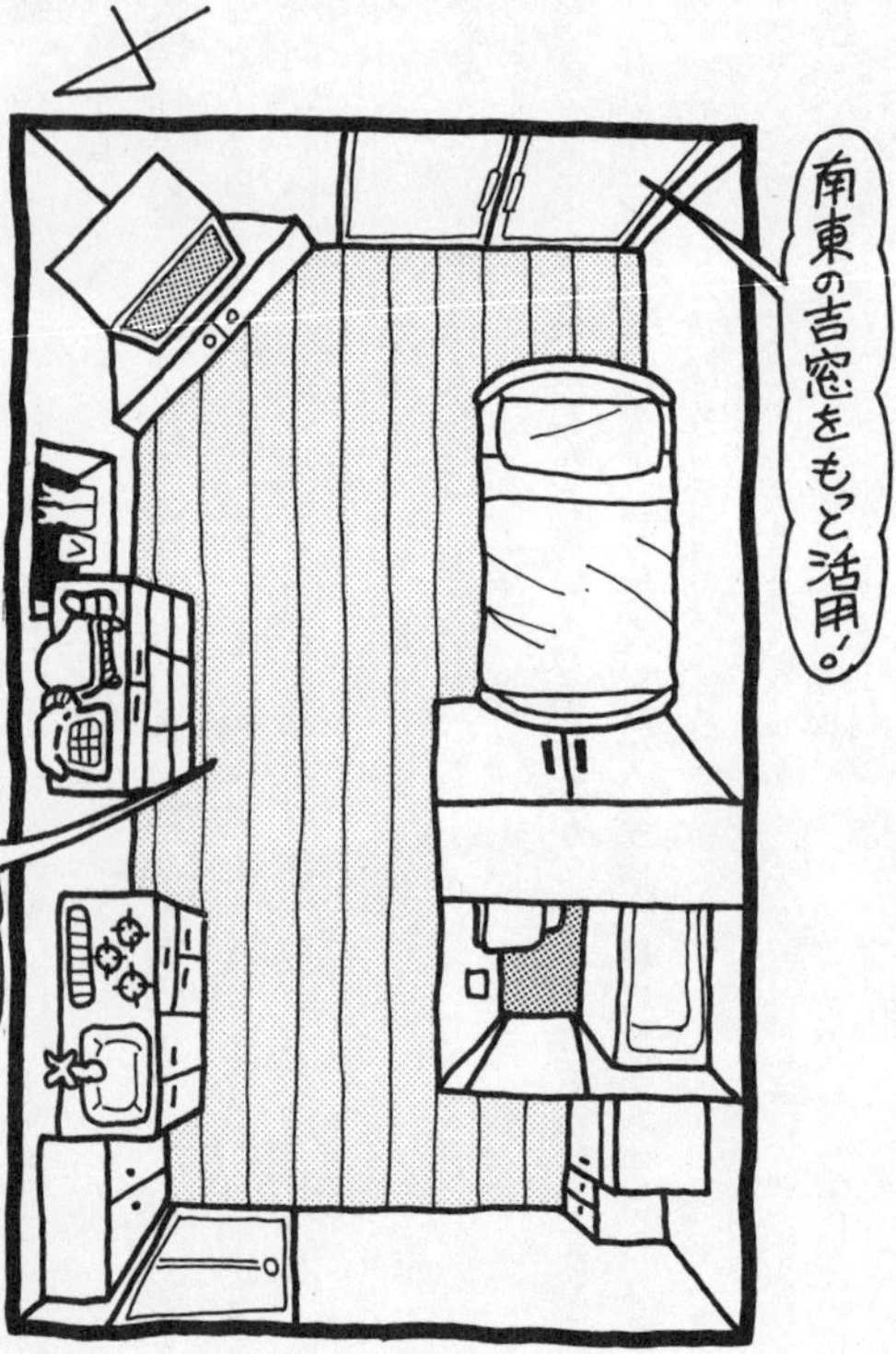
きれいだけど、潤いがほしい

です。チェストや出窓の上に、ミニチェストのピアノなどかわいい小物がきちんと整理されているのが目にとまります。白を基調にした、ゴミ一つない整然とした印象で部屋の隅々まで目が行き届いているのがわかります。

〔理想の部屋〕

たいへんシンプルな部屋です。部屋はその人の精神をあらわしていますから、この方はとても几帳面《きちょうめん》な方だということがわかります。もうちょっと潤いがあってもよいと思います。

すぐにできることとしては、いまあるチェストをバルコニーの出入りができる程度まで、南東に移動するとよいでしょう。

さらに、チェストの上に電話や好みの写真を置くのも効果があります。枕の位置は西側がよいでしょう。改善した部屋は154ページのようになります。

対人関係をよくする理想の部屋はこれ

もっとも理想的な対人関係になる部屋を、つづけてイラストでお見せしますので参考にしてみてください。

改善された理想の部屋

対人関係がよくなる理想の部屋

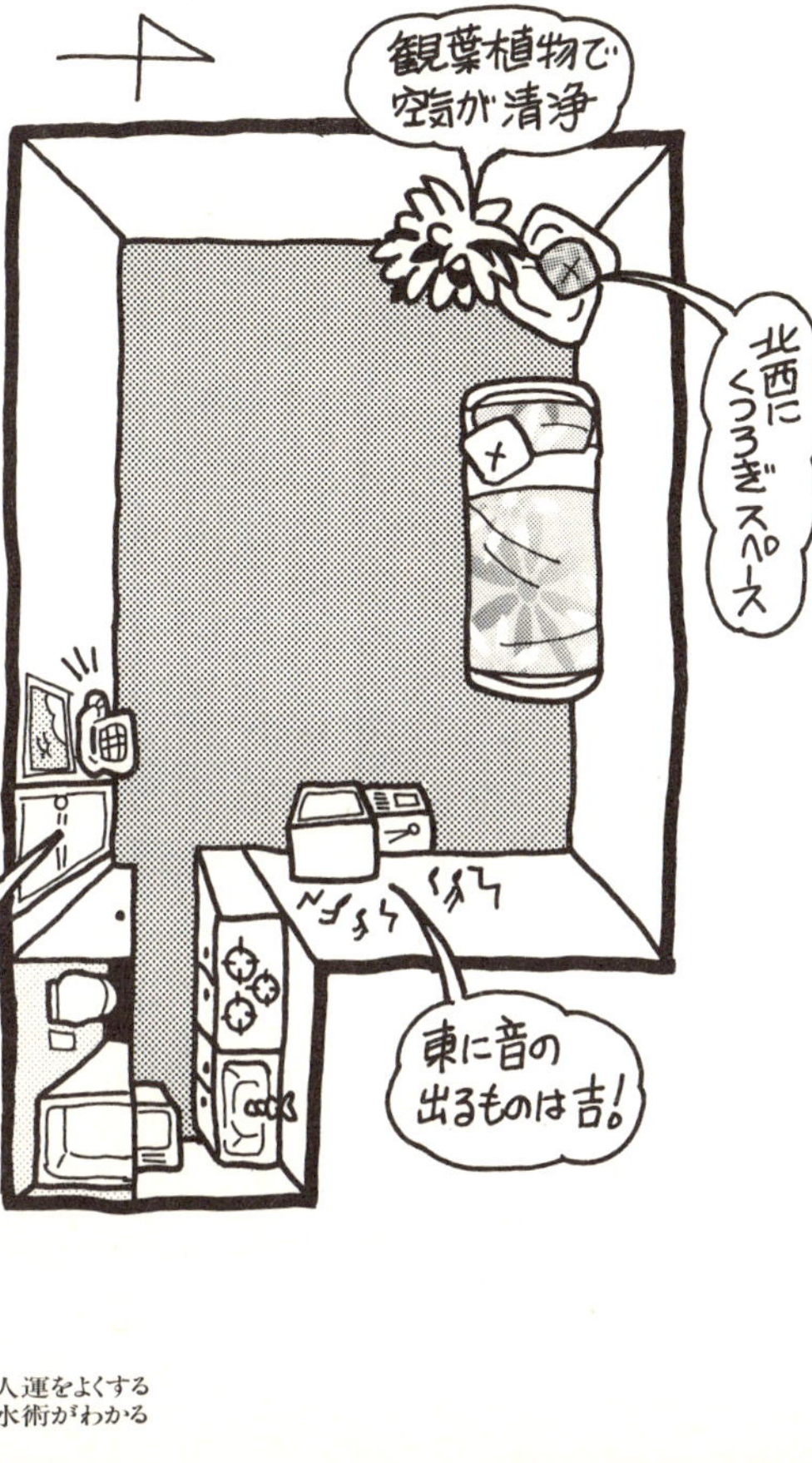
南東はスッキリと出入口は大吉

[対人運をよくする風水術(生活編)]

他人からはよい波動だけもらう

人間は、他の人からよい波動(オーラ)を受けて成長していきます。そして悪い波動からは、危険を察知して避けようという動きをするものです。そうした本質的な部分が狂ってしまった場合に、悪事に走ったりすることになるのです。

風水とは、よい波動の人と接触し、よい人の波動を受けましょう、という教えでもあるのです。

では、悪い波動を出している人には、どんな人がいるでしょうか。たとえば、お金に窮している人や、色事にうつつをぬかしている人、男運あるいは女運の悪い人、不倫中の人など、いろいろ挙げることができます。

こういう悪い波動の人の多いコミュニティーやグループに交わっていると、自分もいつのまにか、同じ色に染まってしまいます。たとえば独身女性ばかりで、深夜までカラオケで騒いでいるとき、そのうちの一人が泥酔《でいすい》して〝彼氏が欲しいよ〜〟と泣きわめいたり、といったことがあります。そういう人たちはなぜか集まってしまうのです。

人がよい波動を出す土地で暮らす

人間の交際ばかりでなく、土地もまたよい波動を出している土地と、悪い波動しか出せない土地があります。

基本的には、華やかな土地とか、発展しつつある土地は繁栄し、よい波動を出しているということができます。ただ注意したいのは、それが偽りの発展、見かけだけの発展というケースも多いのです。

たとえば新宿の繁華街、ここは文字通り不夜城《ふやじょう》で、毎日眠ることなく多くの人々を飲み込み、吐き出しています。しかし、よく見れば、それは五欲煩悩《ぼんのう》がギラギラと動き回っているように思えます。

たとえばこれからお金持ちになりたいと思ったら、風水的に周囲の影響を受けることを考慮すべきです。やはりそれなりのレベルの土地に住む必要があるのです。

リッチな場所に住むには、それなりの無理をしなければならないことになります。高級マンションの並ぶあたりに、高い家賃を払って住むことで、周囲からよい影響を受けることはよくあります。リッチな土地に住んで、自分も同じ程度の生活レベルに達したいと思えば、懸命に働く。それは、すでにそこで波動を受けているというわけです。よい波動を出す人が多く住む土地を見極めるポイントは、

①教養と知性にあふれている人が住む
②所得レベルが高い
③人格・見識の高い人物が多い
④当然社会的立場が高く、そうした職業に就いている人が多い

以上の点を総合的に判断して住む土地を見極めるのが大切です。

なんだか人は、見栄のためだけに成城《せいじょう》や田園調布《でんえんちょうふ》というようなところに住んでいるわけではない、という気もしてきますし、でもやはり見栄だけの人も多いなあという感じも漂ってくるようです。

この方法でいけば、女（男）にモテたいと思ったら、モテる男（女）と付き合っていればよい。しかし、女（男）にあまりモテるのも身の破滅になります。よい場所、よい人を選ぶという風水的生き方の基本を忘れずに。

【夫婦仲がよくなる風水術】

先祖の墓参りをすませる

夢いっぱいでスタートをきっても、一緒に暮らすとなれば結婚生活は意外に難し

いものです。山あり谷ありのなかで問題を解決していくには、二人の努力が大切なことはもちろんですが、夫婦生活を円満にするための風水も忘れずにチェックしましょう。

まず初めに、古めかしいなどといわずに、夫と自分と双方の先祖のお墓参りはきちんとすることです。先祖に認めてもらうことで親族関係はもちろん、夫婦の運気は必ず高まるものです。もし墓が遠くてなかなか行けなくても、せめて先祖を忘れないで大切に思う気持ちが重要です。

身につける色に注意

それから、身につけるものに注意してください。先にも述べましたが、とくに、黒い色の服ばかり着るのは厳禁です。黒はそもそも〝死に色〟といって、風水的には運気を停滞させるものなのです。〝愛を失う色〟ともいわれ、黒い服ばかり着ていると、いつの間にか、夫や家族と離れて孤独になってしまいます。

身の回りを見ても、とくに女性が黒を好んで着るようになると、失恋や離婚などが襲ってくることに気づくはずです。

もし愛情運をよくしたいと思ったら、明るい赤やピンクの服や小物が効果的です。

また淡い緑色の服は、信頼関係にもとづいた安定感のある結婚生活を送ることができます。

いずれにしても、草花のように明るくさわやかな印象の中間色を身につけることが、夫婦関係やその他、人間関係全般によい影響をもたらし、あなたに幸運を招いてくれます。

[夫婦仲がよくなる部屋の実例]

Q 最近、夫の帰りが遅く、家でもあまり口をきかないのです。もしかしたら何かあるのでは、と気にかかるのですが。

A 家の真北を整えれば運気の乱れが整います。

夫婦仲でもっとも大切な方位は家の中心から見て真北です。この方位に玄関、大きな窓、風呂場、トイレ、洗面所などの水回りなどがあったり、掃除を怠って不潔にしていると、夫婦仲に悪い影響があらわれます。夫だけでなく家族に不倫の気があらわれ、浮気心の出る可能性が高くなってきます。

最近私が気になるのは、「リビング南向き」をうたった新築マンションが急増していることです。

リビングを南向きに配置しますと、反対側の北の方位が玄関になる率が非常に高くなります。これは、昨今マスコミで多く報道されている、若者を中心とした性の乱れと無関係ではないように思います。

さて、セックスをつかさどる家の北には、しっかりした部屋があるといちばんよいのですが、もし先ほど述べたように、玄関、大きな窓、風呂場、トイレなどがある場合は、次のような方法をとってみてください。

まず窓なら、厚地のカーテンをかけてさらに、家具などでふさいでしまいましょう。玄関など出入り口になっている場合は、つい立てや大きな観葉植物、大きな鏡などを置き、入ってくる「気」をいったんシャットアウトするとよいのです。

そしてトイレなら、第一に整理整頓し、暖色系でカラーコーディネートしたり、できるだけ豪華な演出をしましょう。また、風呂場はできるだけ水をためておかずに、入る時だけ新しい水を入れる習慣をつけることです。

もちろん風水だけでなく、よく相手とコミュニケーションをとって、理解と思いやりのある態度が大切なことはいうまでもありません。

夫婦仲がよくなる理想の部屋

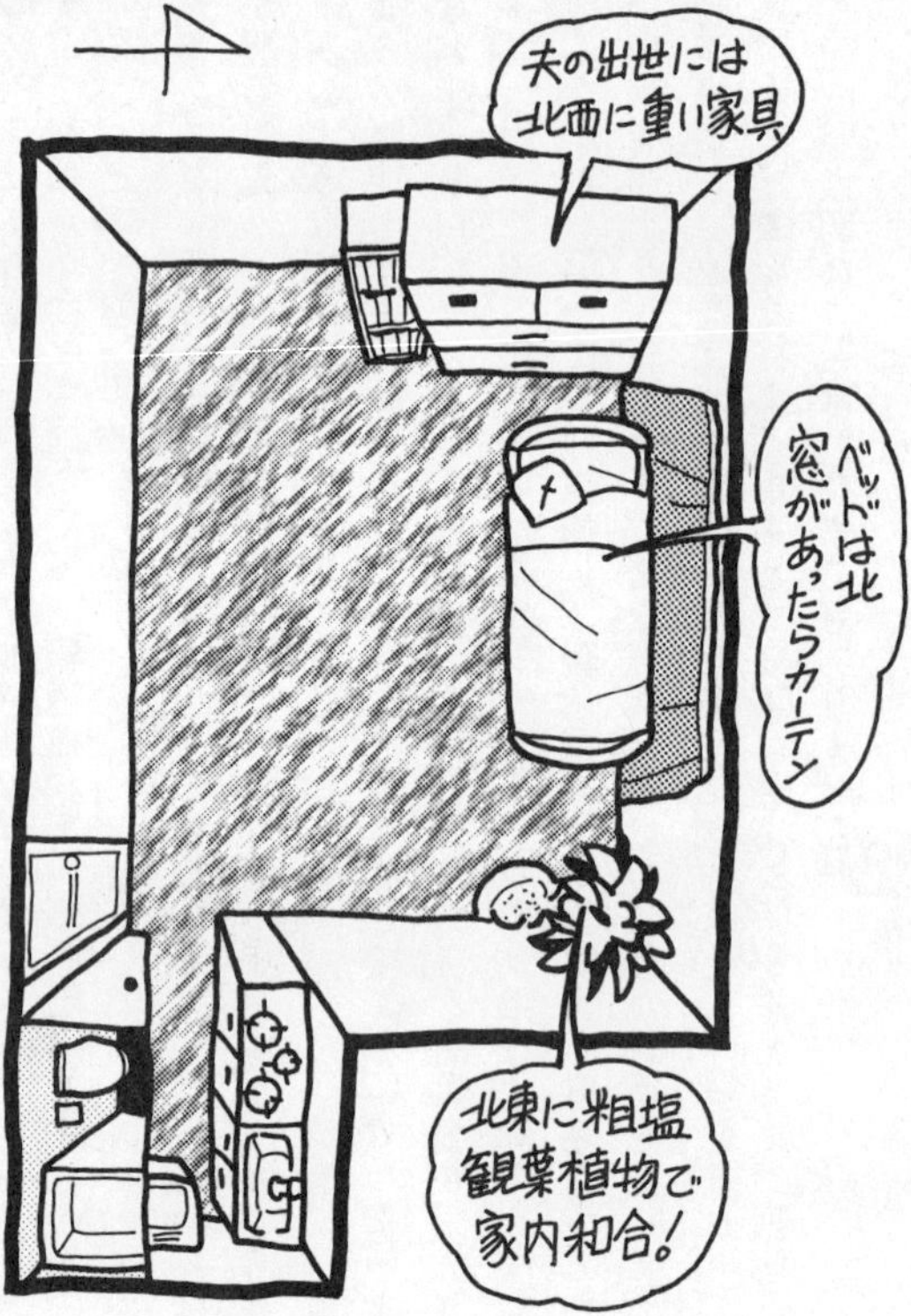

体調のすぐれない方の現状の部屋
機能本位でさみしい
畳の色で全体が寒色系に
西が軽く、パワー不足!

改善された理想の部屋
全体を暖色系に!。
畳には赤かピンクのカーペット
暖かく、大きなマット
チェストに変え
西に重み
台所には観葉植物

［理想の部屋］

この部屋で健康を高めるためには、右のイラストのように、全体をもっと暖色系統にするとよいでしょう。フローリングの部分にはもっと大きくて温かい感じのマットを敷き、畳の部分にも赤かピンクのカーペットを敷くことです。西側が少し弱いので、いまあるハンガーラックを、タンスかチェストに替えて重みをもたせましょう。台所には緑の多い観葉植物を置くと、さらによくなるでしょう。

健康運を高める理想の部屋はこれ

病気知らずで健康運がよくなる理想の部屋を192ページにイラストでお見せしますので、ぜひ参考にしてください。

身体の状態と方位は密接に関係している

では次に、身体と方位の関係について見ていきましょう。

各方位は193ページの図のように人間の身体に置き換えることもできます。たとえば、「最近夫の二日酔いが多いけれど、肝臓が弱ったのかな」と感じたら、肝臓の方位である、家の「東」の部分を確認してください。

健康運がよくなる理想の部屋

[方位と体の部分の関係]

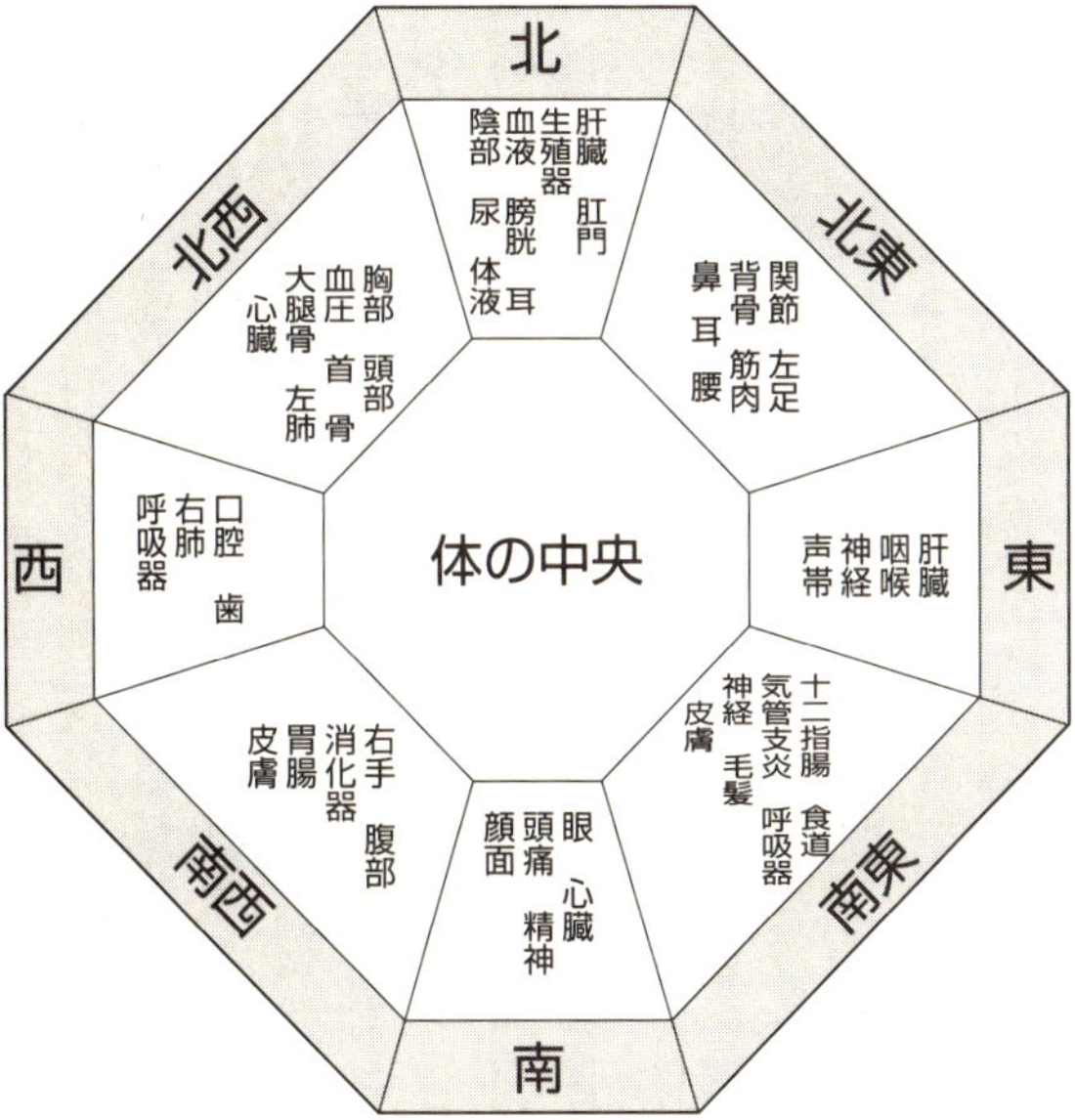

※体の弱った部分と方位は密接につながっている

不調の方位を調べると、そこが汚れていたり、整理されていなかったりする場合がほとんどです。

つまり、どの方位であれ、汚水やゴミなどをためておくと、身体のその部分が弱まり、病難を招くことになるのです。

また、九星のうち五黄土星を除く八星（八方位）は食べ物も意味しています。健康のためには、自分の本命星と相生《そうじょう》の関係にある星（57ページ）があらわす食べ物を、とるように心がけるとよいでしょう。

たとえば、北東（八白土星）には「腰」の意味がありますから、腰が弱いと思う人は、ふだんから八白土星の相生である二黒土星、六白金星、七赤金星、九紫火星の食べ物をたっぷりとるように心がけましょう。

また、気になる身体の方位の家相が、凹形に欠け込んでいるなど悪い場合は、空気を浄化する作用のある観葉植物を置くのも一つの方法です。とくに「東」「南東」「南」は、植物の作用が大きく働くので効果大です。

※九星のあらわす食べ物の意味を次に書き出してみますので、参考にしてみてください。

一白水星の方位→この星のもつ意味は水分です。水や酒・ジュースなどの飲み物のほか、海や川などの産物、魚介類や海藻などをあらわします。

二黒土星の方位→トウモロコシやアワなどの穀類、ジャガイモ、サツマイモなどのイモ類、そして砂糖などを含む甘味のあるもの全般。

三碧木星の方位→新鮮な食べ物を意味します。フレッシュな果物、たっぷりの野菜サラダ、そして刺し身など新鮮な魚介類も。

四緑木星の方位→そば、スパゲティ、うどん、ラーメン、うなぎ、山芋、ゴボウ、キュウリなど長い食材。また、レモンや酢などの酸味も。

五黄土星の方位→毒薬や腐敗を意味するこの星は例外ですので、使えません。

六白金星の方位→この星は高級な食材をていねいに調理し、高級な雰囲気のなかで食すイメージ。健全で豪華な食卓がポイントです。

七赤金星の方位→米や餅、そして鶏肉のほか、アヒルや合鴨などを含む鳥類全般。

八白土星の方位→山で採れたすべてのものを意味します。山菜や木の実、秋のキノコ類など。また、山で捕れる鹿、猪などの動物の肉も。

九紫火星の方位→チャーハンや野菜炒めなどのように、火をしっかり加えて調理したもの。ネギ、らっきょう、にんにく類も。

【ダイエットを成功させる風水術】

北東に「張り」や大きな家具があると太りやすい

ダイエットをめざしている人は、風水でやせられるポイントがいくつかありますので参考にしてください。

風水の世界では、太る、やせるという意見があるのは、家の中心から見て北東です。北東は鬼門にあたり、ここが人間でいう腸に該当する部分です。

家の構造で北東が出っぱっていると、すべてに貪欲《どんよく》になり太りやすい体質になります。また、インテリアでも北東に大きな家具を置いたり、ベッドや布団を敷くと太りやすくなります。

南東に観葉植物や大きな水槽を置くといい

ダイエットでやせたいけれど、ただ細くなるのではなく、健康的に美しくやせたいという人は、南東の方角がポイントになります。

南東に出入り口があるか、大きな窓があるとベストです。もし壁の場合は、大きな観葉植物や浄化装置のついた大きめの水槽を置き、熱帯魚などを飼うのがおすすめです。両方置くことができればより完璧になります。また、水をイメージした写真や絵を飾るのもよいものです。

南東にはポプリを入れた器や、匂い袋を吊るすのも効果的です。ポプリはラベンダーやユーカリの香りが理想的ですが、自分の好きなものなら、なるべく強い香りのものを選びたいものです。

風水で美しくなる基本は、「気」の入り口でもある手首から先と、足首から先をケアすることが大切です。風呂上がりに、好きな香りのオイルで両手両足の指を、マッサージすると新陳代謝を促し、肌が引き締まったうえに美しさに磨きがかかってきます。

南を明るくして暴飲暴食を防ぐ

つい、やけ食いをしてしまうのは、ストレスからくる欲求不満が原因です。仕事などの人間関係のストレスには、南の方角が重要になります。大きな観葉植物や明るいスタンドを置いたり、窓があれば、たまには全開にして外の空気を入れ、開放的な気分に浸りたいものです。

男女関係のストレスには、北をポイントにしてください。そして、お気に入りの大きなソファやキャビネットなどを北に置き、さらに西に枕の位置がくるようにベッドを配置するとよいでしょう。

また、南だけ紫のカーペットを敷くのも心が落ち着くものです。

インテリアでは全体を寒色系でまとめるのが理想ですが、南東、東、西、北西が寒色系ならば、そのほかは暖色系でもよいでしょう。

食欲を抑えるには、西に食べ物を置かないことです。西は口を意味する方角なので、ここにお菓子があると、つい食べ過ぎになるので気をつけましょう。もちろん、冷蔵庫を置くのは当然タブーになります。

西に大きな家具を置くと外食が減らせる

ダイエットに大敵なのは外食の習慣です。それを減らすためには、自炊の習慣を身につけたいものです。

西に出入り口や窓があると出費も多く、外食に頼る傾向が高いので、部屋選びの時は西に出入り口がないところに住むことを心がけてください。

もし西に出入り口がある場合は、つい立てや立て鏡、大きな観葉植物、家具などを置き、出入り口が開放的にならないような工夫をすることです。

ダイエットが成功する部屋

西を重くして
自炊の習慣を
南の窓は全開でストレス解放
部屋全体を寒色系に
南東の緑・水槽で美しく・健康に
太る北東には
重い家具・ベッドは
置かない！

西が壁の場合は、大きな家具、できればソファや本棚などを置くとよいでしょう。部屋全体では、つねに整理整頓を心がけることです。

自炊のための買い物には、西の方角がベストです。西にあるスーパーで買い物をしたり、料理学校に通うのもおすすめです。

どんな部屋でも、自炊の意欲を高めるのに大切なのがトイレです。赤かオレンジ系でまとめ、応接室のような明るいイメージにするのがコツです。美しい絵や花を飾ったり、できれば赤系のバラやガーベラなど華やかなものをデコレーションしてください。

第9章

仕事や事業がうまくいく風水術がわかる

能率があがり、商売が繁盛する法則とは

[仕事がうまくいく風水術]

北西にベッドかパソコンを置く

仕事にもっとも影響を与える方位は北西です。とくに頭のなかをすっきりさせ、集中力と効率を高め、仕事運をアップさせるには北西方位が重要です。

ここにベッドを置くと、手っ取り早く仕事運をアップさせられます。頭の向きも北西か北、西にすれば、脳の活動が活発になり、仕事や勉強の効率もぐんと上がります。

北西にベッドなどを置く余裕がない時は、パソコン、ワープロなどの機械類を置いて使うことです。北西はもともと頭部や頭脳という意味があるので、頭脳明晰《ずのうめいせき》になって、仕事もはかどること請け合いです。タンスやチェストなど重い家具を置いて安定させるのも、仕事が安定しミスがなくなります。時計や水槽を置くのもよいでしょう。

南に机を置き、南に向かって勉強する

創造力や集中力などをつかさどるのは南です。ここに机を置いて仕事、勉強にい

そしめば能率が上がります。その時、自分自身も必ず南向きに座るようにすることです。また、テレビを置くのも吉です。仕事や勉強に役立つ知識を与えてくれるでしょう。

東には音の出るものを

東は、ステレオやラジカセなど音の出るものを置くのにもっともよい方位です。仕事に有益な情報をつかむことができます。

またここに机を置いて、新しい企画や商品を考えると、すばらしい創造力が生まれます。

ここから流れる音は、人をリラックスさせる効果もあるので、勉強や仕事の疲れを癒《いや》してくれるでしょう。

電話を南東に置くと吉

南東は、人の信用を得るという意味があるので、仕事などの吉報が届くように、電話は南東に置くとよいでしょう。次ページに仕事運のよい部屋のポイントをまとめてイラストにしてありますので参考にしてください。

仕事運が良い部屋

北西のベッド・パソコンで頭がスッキリ！。
南の机で能率アップ。
仕事の吉報は南東の電話から
新企画のアイディアには東に音の出るものを

［仕事運を高める部屋の実例］

Q 丸5年勤めた会社を今年の4月に辞めるつもりです。経営学、マネジメントの勉強をして、ゆくゆくは自分で会社をつくりたいと思っています。でもそう決めたものの、自分にどんなことができるかわからず不安です。仕事運をよくする部屋を教えてください。

［現状の部屋］
十畳ほどの広々とした部屋です。家具はなかなかセンスのよいもので、ファブリック（布地）も明るい大きな花柄で統一してあり、明るくて落ち着ける印象です。全体に家相はよく、仕事運に強い影響を与える北西にベッドがあるのも吉相です。

［理想の部屋］
仕事運イコール金運ともいえるので、金運に関係のある西にも注目しましょう。いまのままですと、西がちょっと弱いのでタンスなど重いものを置くとよいのですが、タンスがないので本棚をもってくることにしましょう。机は考えるのに適した南に置くのがよいでしょう。

仕事で悩む方の現状の部屋

改善された理想の部屋

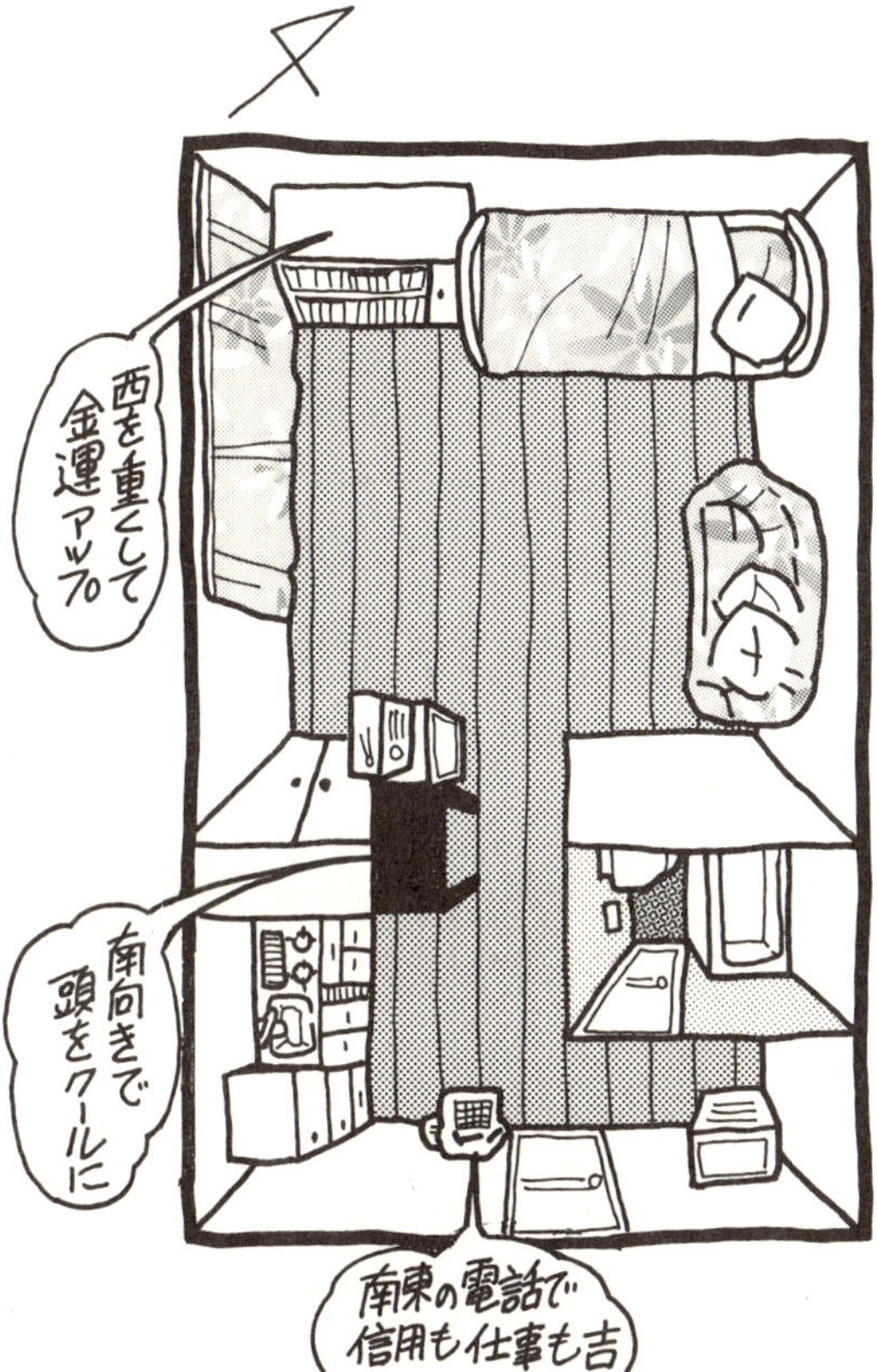
西を重くして
金運アップ
南向きで
頭をクールに
南東の電話で
信用も仕事も吉

[事業が繁栄する風水術]

定位盤から問題点の解決法を探る

事業では八方に分けられた定位盤を基本に、それぞれの方位がもっている力をつかみ、その力を利用して運勢を開いていきます。それぞれの方位は、東西南北が30度ずつ、その間にある北東、北西、南東、南西が60度ずつに区分けされています。陽宅法を調べるうえで、欠かせないのが風水定位盤であることはすでに述べましたが、もう一度本章でおさらいをしておきます。

東西南北を四正といい、それぞれ、

震宮《しんきゅう》東30度・兌宮《だきゅう》西30度

離宮《りきゅう》南30度・坎宮《かんきゅう》北30度

となり、その中間を四偶といい、それぞれ、

艮宮《ごんきゅう》北東60度・巽宮《そんきゅう》南東60度

坤宮《こんきゅう》南西60度・乾宮《けんきゅう》北西60度

といいます。

そして、放射状の中心である太極宮《たいきょくきゅう》を含めた合計九宮に宿る各効力を分析、判定

し、事業活動に役立てるわけです。たとえば金銭的な問題で悩んでおられる方なら、その支配宮である「兌宮」を、また商取引に難航しているのであるならば、その支配宮である「坤宮」を調べてみるといった具合です。

定位盤の記入の注意点

まず建物の形と中心を決め、自分の事業所またはオフィスの風水定位盤の、どの方位に位置しているか(たとえば出入り口や窓など)、それぞれの方位に具体的に書き入れてください。

あなたの店舗および事務所全体の形のうえで、張り出している部分と欠け込んでいる部分が、たいへん重要なポイントとなりますので、わずかな凹凸でも克明に書き込んでください。

そして定位盤を参照してみて、それぞれの宮の意味合いで現時点におけるあなた自身がいちばん悩みとしている問題点を探ってみましょう。

たとえば、部下のことで現在頭を悩ましているのであれば、あなたの営業所の定位盤の北の坎宮が、どのような造作になり、何が位置しているのかよく調べる必要があります。

[事業内容と方位の関係]

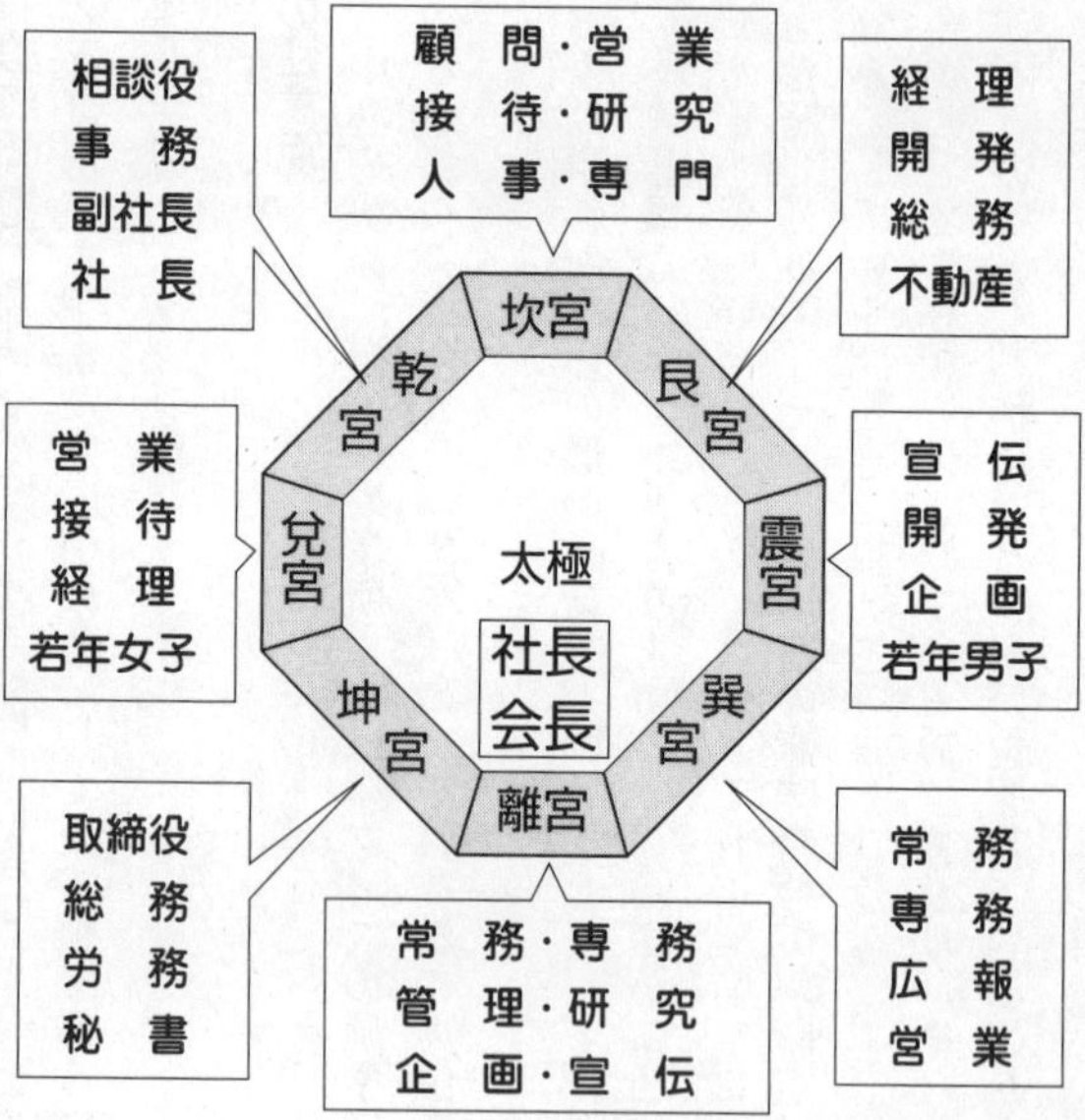

※事業で悩みのある方位を調べる

注意点としては、定位盤には、やはりできるだけくわしく、店舗であるなら客の出入り口、看板、陳列棚、通路、レジスターなど、また事務所や会社でしたら総務部や経理、営業部の配置、社長室、応接室など、それぞれの室内設備にいたるまで、克明に記入してください。

できあがった風水定位盤によって、あなたの事業所を分析し、陽宅法においてどこに弱点があり、強みがあるのかを確かめます。それによって、今後の事業計画を立て直すのもよいし、陽宅法で見て欠陥があれば、どのように直していけばよいのかを十分に吟味《ぎんみ》する必要があります。

各宮に宿る事業能力とは

次にあなたが風水定位盤を判断するうえで、それぞれの「宮」にはどのような要素があるのか述べてみましょう。

とくに経営上の意味合いをもつ各宮の性格や能力を、次に箇条書きにしてみます。取引関係でのつまずき、金銭的トラブルなど、業務全般でのいろいろな問題について、迅速かつ的確に対処できるように、あらかじめ各宮に宿る性質や特徴を知っておく必要があります。

【太極《たいきょく》】人間的魅力・個性・思考力・政治力・指導力などを意味し、事業全般について影響力をおよぼす中枢的な宮です。

【震宮《しんきゅう》】企画力・バイタリティ・覇気・行動力・独創力・宣伝力などを意味し、事業活動での「創造性」を支配します。

【巽宮《そんきゅう》】外交手腕・信頼性・取引交渉力・柔軟性・融通性などを意味し、事業活動での「信用」を支配します。

【離宮《りきゅう》】時代感覚・美的センス・知識力・判断力・洞察力などを意味し、事業活動での「先見」を支配します。

【坤宮《こんきゅう》】努力・忍耐力・堅実力・協調性・勤勉などを意味し、事業活動での「営業」を支配します。

【兌宮《だきゅう》】説得力・経済観念・社交性・融通性等を意味し、事業活動での「金銭」を支配します。

【乾宮《けんきゅう》】責任感・積極性・冷静沈着・管理能力・実行力などを意味し、事業活動での「活動」を支配します。

【坎宮《かんきゅう》】専門知識・権謀術数《けんぼうじゅっすう》・社交性・援助引き立てなどを意味し、事業活動での「部下」を支配します。

［各宮に宿る事業能力］

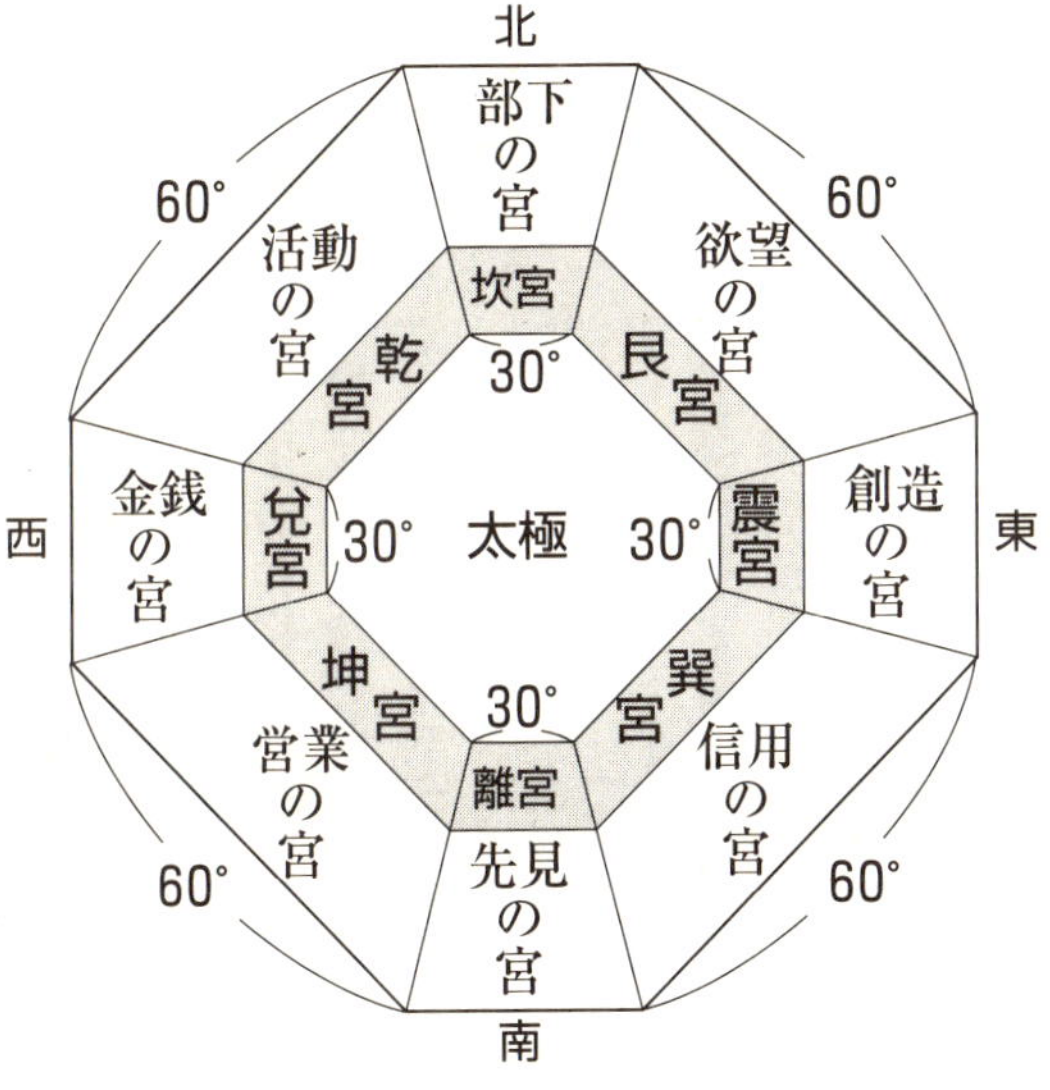
北
南
東
西
部下の宮
欲望の宮
創造の宮
信用の宮
先見の宮
営業の宮
金銭の宮
活動の宮
坎宮
艮宮
震宮
巽宮
離宮
坤宮
兌宮
乾宮
太極
30°
30°
30°
30°
60°
60°
60°
60°

【艮宮《ごんきゅう》】理財性・探求心・欲求・臨機応変などを意味し、事業活動における「欲望」を支配します。

ビルの出入り口は中心から見て南東が大吉

南東60度（巽宮）の入り口は、八方位のうちでも最高の入り口となる方位であり、どんな建物の場合でも、世間から信用を得て事業が発展、繁栄することができます。なかでも人の出入りの多い業種、たとえば飲食店やスナックや食料品店などに最適です。

巽宮の入り口からの客層は、必ずしも高級とはいえませんが、回転の速いお客となり、売上高も多く、営業成績がぐんぐん伸びてきます。また世間に評判の高いお店となり、それが遠くまで伝わるため、遠方からもお客が来るようになります。

新人教育は物事の始まる東の位置で

オフィスの中心から見て東30度（震宮）は、新規に事業をおこされる方や時代の先端を把握する事業をなさる方が、積極的な意欲を培い、目覚ましい発展を望む場合に、その事業盛衰を大きく左右する重要なポイントとなる方位です。

ちなみに「東」という字は、木の真ん中に日が昇っている状態をあらわしますが、物事の始まりを意味する震宮は、会社が若手の従業員たちの信頼や力を十分に得られるかどうかが、かかっている方位でもあります。

トップはオフィスの北西に陣取れ

会社において代表権のある人物は、事務所の中心である太極か、または中心から見て北西60度（乾宮）の範囲に位置すれば権威を行使できます。このいずれかに代表者の部屋かイスがあれば、部下は従順に手足のように意欲をもって働き、社運を隆盛に導きます。

また社内だけでなく、対外的にも名誉職を兼ねるようになります。さらに新規の事業に投資して、次から次へと事業規模が大きくなり、一社だけでなく数社の事業を同時に経営して、すこぶる多忙になるという作用があります。太極と乾宮は風水でも中枢的役割をもち、華々しく事業を推し進めていくためのバイタリティあふれる絶対宮といえるのです。

物には必ず中心があります。それを風水では太極と呼びます。風水における太極は、その建物全体の運気を支配統制する力をもち、家の繁栄、営業の盛衰、経営者の覇気、使用人の勤労意欲などを決める重要なポイントとなります。

太極は広い間取りにする

太極は広い間取りにすることが必要です。とくに事務所や営業所として使用する場合は、営業の主体を太極におくことが必要です。

しかし太極が厨房、階段、通路、エレベーター、倉庫、トイレにあたる場合は、経営者の覇気や権威がなくなり、すべてに見通しがきかなくなって、ちょっとした思い違いや手違いのため、経営上の狂いを生じて金銭的にも困窮する結果となってしまいます。

そしてとくに太極が、エレベーターや階段にあたる場合は、つねに営業が不安定となり、業績が上がらなくなります。また、太極にトイレ、厨房、通路がある場合は、管理上大きな欠陥ができ、社員同士のいざこざが起こりやすく、経営者を苦しめる結果となります。

繁栄するオフィスや商店の条件とは

もしあなたが、オフィスや商店の移転や新設をお考えであれば、どんなことに注意すればよいのでしょうか。

まず第一にどこに何を置くかという枝葉よりも、基本をしっかりと見定めることです。

いちばん重要なのは、まず全体の輪郭です。部屋の形は長方形がいちばん吉相です。「欠け込み」といってへっこんだような形はよくありません。張り出しに関しては、小さな張り出しはよいのですがあまり大きくなると、それに対応して別の部分が欠け込みになってしまいますので、かえってよくないことになります。

次に、その土地のもつ雰囲気です。われわれ風水師は「律呂《りつろ》の神気《しんき》を見る」といいますが、それほど専門的な知識がなくとも、ぱっと見た感じを大切にして判断すればよいでしょう。〝何となく暗いな〟とか〝いやだな〟と思う土地は避けたほうが無難です。

土地の起伏や流れも重要ですが、これは業種によって向き不向きがあります。たとえば平らな地形の場所、東京でいえば墨田《すみだ》区や台東《たいとう》区あたりは庶民的、大衆的で衣食住に直接かかわりのある業種に向いています。

反対に起伏の多いところ、たとえば青山や赤坂あたりは住宅なら高級住宅地となり、流行にかかわりのある高価格商品、あるいは企画力で勝負する業種が向いています。

ビルの構え、つまり出入り口は、中心から見て南東にあるのが大吉です。南東60度(巽宮《そんきゅう》)に出入り口のあるビルは、理想的なものです。この巽宮の方位は八方位のうちでも出入り口として最高の場所であり、巽宮の出入り口があるビルには、世間に信用をもつ堅実な企業が集まることになります。

次に東、そして南、北西、北の順になります。西の方位は金銭の出入りが多くて倒産、破産を招くことが多いので避けてください。

また、北東と南西を結ぶラインは死線といわれ、思いもよらぬアクシデントが起こりやすいので、この方位も凶方となります。

次に数か所あるなかの一室を選ぶ場合には、やはりビルの中心から見て南東60度(巽宮)にある営業所が、あらゆる業種に共通して繁栄する場所となります。とくに外国との取引を扱う業種や、世間との商取引をおもに行い、信用を得て発展する企業であれば、巽宮の営業所を使用することがもっともよいわけです。

風水にオフィスを照らし合わせてみると…

またその営業所じたいを、風水に照らし合わせてみることも必要です。まず、入り口が問題になりますが、かなり大きなビルで、数多いなかから選ぶ場合なら、入り口が巽宮にある営業所が、いちばん理想的です。

また反対に数が少ない場合では、もっとも衰相とされる、北東60度(艮宮《ごんきゅう》)と南西60度(坤宮《こんきゅう》)にある入り口、そして金銭を貯えることのできない西30度(兌宮)にある入り口を避ければ、まずまず無難でしょう。トイレなどの水回りも、艮宮や坤宮はなるべく避けるべきです。

220ページの図は、あるオフィスを風水に照らし合わせたレイアウトです。

まず、気になるのは、トイレの位置です。できれば艮宮(北東)や坤宮(南西)は避けたいところですが、この場合はトイレの前にしっかりした間仕切りを取り付けるか、あるいは大きい書庫やロッカーを置いて衰作用を防ぐとよいでしょう。

次に業務内容により配置を決め、そして役職によって、テーブルの向きを決めて「風水」の原理にかなうように工夫していきます。

この場合、活動と権威を支配する社長室を北西(乾宮《けんきゅう》)に配置して、営業や業務関係は、取引や交渉を意味する南東(巽宮)に配置します。幹部クラスの人は①②の位

[風水に照らし合わせたオフィスの配置例]

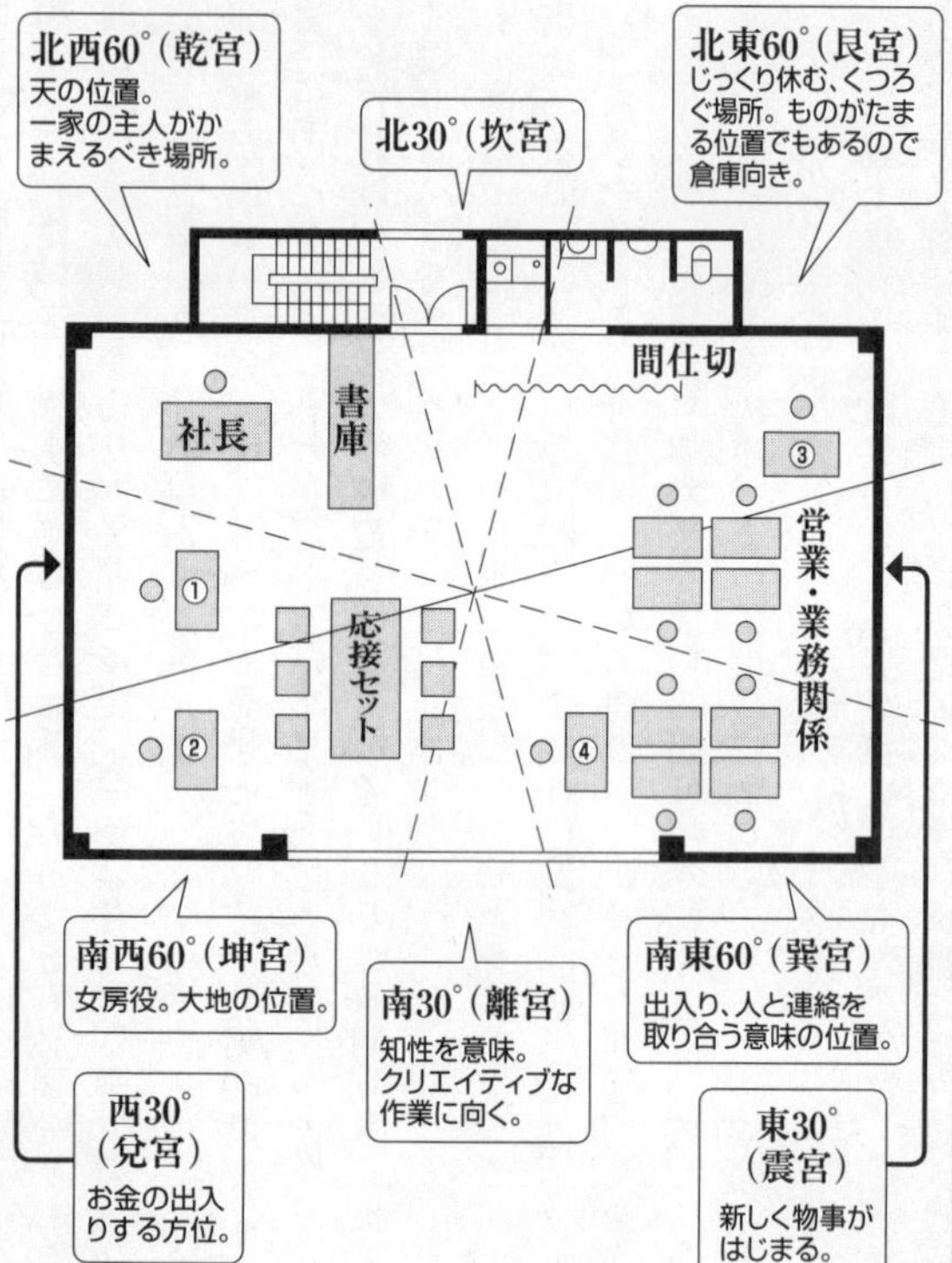
北西60°（乾宮）
天の位置。
一家の主人がかまえるべき場所。
北30°（坎宮）
北東60°（艮宮）
じっくり休む、くつろぐ場所。ものがたまる位置でもあるので倉庫向き。
間仕切
社長
書庫
③
営業・業務関係
①
②
応接セット
④
南西60°（坤宮）
女房役。大地の位置。
南30°（離宮）
知性を意味。
クリエイティブな作業に向く。
南東60°（巽宮）
出入り、人と連絡を取り合う意味の位置。
西30°
（兌宮）
お金の出入りする方位。
東30°
（震宮）
新しく物事がはじまる。

置、営業部長は③、受付業務の女子事務員は④、といった具合にデスクを配置するとよいでしょう。

社長は南向きに座り、幹部たちは東向きに座っている点も大切なことなので注意しましょう。

これはそれぞれの宮の長所を生かした配置ですが、同時に社長や幹部がつねに職場内の情報に目が行き届くようにしてあるため、職場内のコミュニケーションもよく、社員全員が一体となり意欲的に業務遂行の努力をするようになるので、必ずやこの企業は、世間の信用を得て繁栄することでしょう。

おわりに――

風水は大自然のエネルギーを取り入れ、あなた自身の〝運〟を切り開くための秘法です。これまで紹介した以上に、まだまだ奥の深い学問でもあります。さらにくわしく知りたい方や、個人的な悩みをお持ちの方がいらっしゃいましたら、左記の事務所までご連絡ください。

開運の秘術「風水」で、多くの人が運を好転させ、充実した人生をおくれるよう、願ってやみません。

田口真堂事務所
〒一六〇-〇〇二二
東京都新宿区新宿五―一〇―一 第二スカイビル九〇二
電話 〇三(三三五五)一四二四
FAX 〇三(三三五五)一四二三

KAWADE
夢文庫

風水の
本当の凄さがわかる本

二〇〇一年十月一日　初版発行

著　者……田口真堂

企画・編集……夢の設計社
東京都新宿区山吹町二六一　〒162-0801
☎〇三—三二六七—七八五一（編集）

発行者……若森繁男

発行所……河出書房新社
東京都渋谷区千駄ヶ谷二—三二—二　〒151-0051
☎〇三—三四〇四—一二〇一（営業）
http://www.kawade.co.jp/

装　幀……川上成夫

印刷・製本……中央精版印刷株式会社

版下作成……株式会社翔美アート

定価はカバーに表示してあります。落丁本・乱丁本はおとりかえいたします。
ISBN4-309-49406-4　Printed in Japan